Jean-Michel Vaguelsy

Coluche

roi de cœur

Avec la collaboration de

Jean-Christophe Vaguelsy

Plon

ISBN 2-259-19692-6

A Yacha, Daniel, Michel
et tous ceux qui font de leur vie une œuvre d'art

Remerciements à

Pierre Péan : le guide et le mentor, pour sa confiance.

Alain Vaguelsy : mon frère, là quand il faut, comme toujours.

Ismaïl Louis-Auguste Girault de Coursac : pour son soutien et les notes écrites ensemble il y a vingt ans sur la campagne présidentielle.

Frédéric Blanc : pour la justesse de son regard, ses conseils avisés et la fidélité de son amitié.

Pierre Boudon : pour son aide et la transmission de ses expériences.

Alexandre Lederman : pour ses encouragements et son engagement.

Paul Lederman : pour son cœur et sa mémoire.

Claire Bernard-Laurent : pour son tendre soutien, la qualité de ses exigences de première lectrice, et la prise en charge de l'intendance.

Paulette Vaguelsy : ma mère. D'être là.

Coluche[1]

(1).

Je suis tt a fait d'accord avec tt surtout que je l'ai pas lu et que c'est un menteur.

ce livre est très interessant pour ceux qui veulent le lire car il contient tt ce qu'il faut savoir sur le sujet quand ça vous interesse. historiquement il fait foi. c'est une réference serieuse où l'on pourra se reporter le cas échéant pour être sûr de savoir quand on est pas sûr de s'en souvenir.

11 rue Gazan 75014 Paris

1. Préface « polyvalente », écrite par Coluche à l'automne 1981.

après ça que l'on ne vienne pas dire "je savais pas" y avait qu'a lire le livre où "~~v~~" est écrit.

J'atteste ici que Mr-Vagalsy a bien été mon compagnon durant les évènements qui vous sont ici relaté et qu'il a bien ~~v~~ vu ce qu'il dit qu'il a ~~v~~ vu et qu'il a été très gentil

Fait a paris :

Coluche

11 rue Gazan 75014 Paris

Avant-Propos

« Les mecs qui ont connu Napoléon meurent aussi », disait Coluche à un journaliste qui lui demandait ce qu'il aimerait qu'on dise de lui après sa mort. La source des témoignages de proches devrait donc se tarir un jour. D'autant que raconter Coluche me paraît impossible.

Il avait la pratique de l'amitié ouverte, mais entretenait des relations cloisonnées avec chacun de ceux qui partageaient quelque chose avec lui. Personne n'aurait pu dire « Coluche c'est ça » ou « Coluche c'est pas ça ». Pour ce qui nous concernait, nous étions unis par la volonté commune de refaire le monde, même s'il nous arrivait de le voir différemment.

Je vais raconter ici ce que nous avons fait et vécu au jour le jour, ensemble : la campagne présidentielle de 81, des tentatives d'« action politique » entre 81 et 85, la création des Restaurants du Cœur (85-86) et les deux années où, sans lui, j'ai reconstruit et continué du mieux que j'ai pu ce qu'il avait créé (86-88).

Je me serais bien passé de cette contribution, non par désintéressement ou par pudeur, mais parce que j'ai le sentiment que raconter ses mémoires, c'est considérer que le meilleur est derrière soi et qu'on est bon pour la retraite. Je n'ai pas encore adhéré à cette idée. Pourquoi reparler, quinze ans après, d'épisodes exaltants au souvenir douloureux, alors que Coluche nous a laissé le principal – ses sketches et les Restaurants du Cœur – et que les historiens auront tout ce qu'il faut pour donner du sens à son rôle dans la société française de la fin du xxe siècle ?

Je m'en serais tenu à cette ligne si une émission de télévision n'était venue solliciter mes souvenirs à l'occasion du vingtième anniversaire de la campagne présidentielle de 81. Ce documentaire racontait succinctement mais précisément les pressions politiques et policières que Coluche avait subies lors de sa candidature. Moi qui en avais ressenti les effets de près, je trouvais à cette occasion des réponses aux questions que je me posais depuis vingt ans. Ce petit film de quarante minutes déclencha une polémique. Une semaine après sa diffusion, une autre chaîne de télévision diffusait un documentaire abordant ce sujet sous un angle différent. Il laissait entendre que si Coluche avait été interdit de parole à la fin de la campagne, c'était parce qu'il avait « pété les plombs » et qu'il était prêt à se jeter dans les bras de l'extrême droite. Chacun peut avoir sa vision de l'histoire.

Les choses commencèrent à se compliquer quelques jours plus tard. Invité à m'exprimer sur une radio, je me trouvais face à l'auteur de ce second documentaire. Alors que je m'apprêtais à confronter mon expérience vécue avec son analyse, par sous-entendus il me traita, entre autres, de menteur. Trois jours plus tard, l'ex-femme de Coluche allait sur un autre plateau de télévision remettre en cause l'honnêteté et la conscience professionnelle des journalistes du premier documentaire.

Je n'y comprenais plus rien. Qu'avait-on touché pour susciter cette violence ? Le ministre de l'Intérieur de l'époque, Christian Bonnet, et le conseiller en communication du président Giscard d'Estaing, Bernard Rideau, reconnaissaient, dans la première enquête télévisée, l'un avoir tout fait pour arrêter cette candidature, l'autre en avoir été fortement alarmé. En somme, ils assumaient la responsabilité d'avoir bloqué le fonctionnement normal de la République et de la démocratie au nom de la conception qu'ils en avaient. Ce n'était pas un détail. Pourquoi nier ces faits vingt ans après, alors que la démocratie française a depuis lors trouvé ses marques ?

Dans le même registre, que sait-on de la création des Restaurants du Cœur et des principes qui inspirèrent Coluche ? Avant d'être ce qu'ils sont devenus aujourd'hui – une association caritative efficace soutenue par la majorité du show-business français –, ils furent un mouvement distributif et libertaire, jouant des rapports de forces et des contradictions du système pour apporter une réponse massive à la misère la plus criante, la faim.

Mon propos n'est pas de cultiver le « c'était mieux avant ». Les choses, les hommes et les institutions évoluent, c'est normal. Alors pourquoi occulter le passé, les objectifs et les racines d'une des associations humanitaires françaises les plus renommées ?

Enfin, nous ne restons aujourd'hui que deux à avoir partagé l'ensemble de ces aventures à « caractère social », Paul Lederman et moi-même. J'aimerais rendre justice au premier : le producteur, le protecteur, le guide et souvent le patron. Sans lui, Coluche n'aurait jamais pu aller au bout des bonnes intentions qui nous animaient collectivement.

Pour toutes ces raisons et à cause d'une autre, plus personnelle – l'insistance de mon fils qui, du haut de ses vingt-quatre ans bouillonnants et de ses études de philosophie, m'a sommé de parler –, j'ai décidé de répondre à ses questions et de raconter...

Le croisement

J'ai rencontré Coluche pour la première fois en 68, à l'âge de seize ans. Mes parents avaient une petite boutique de radio-télé au quartier Latin. Un des meilleurs amis de Coluche à l'époque, Alain Pellet, s'était fait embaucher par mon père comme dépanneur. Coluche, Alain et la femme de ce dernier faisaient la « manche » ensemble dans les bistrots du quartier. L'ambiance de la boutique familiale était particulière, c'était plus un forum de discussion permanente qu'un lieu destiné à la vente. Alain, qui partageait tous les jours notre table – nous habitions au-dessus –, amenait ses amis, et surtout le plus proche d'entre eux, Michel Coluche. On l'appelait comme ça. Moi, élève de seconde au lycée Henri-IV, j'amenais également à la maison mes amis de lycée. Tout ce petit groupe, d'origines si différentes, se confrontait, échangeait, refaisait le monde au magasin ou à l'heure du 421, au bistrot d'à côté, chez Mme Jean. Ce foisonnement était animé par mes parents. Mon père, Yacha, toujours plus enclin à prendre le contre-pied dans une discussion philosophique ou politique qui passait à sa portée qu'à assumer son rôle de « chef d'entreprise », avait un faible pour ce Coluche à casquette de Gavroche et grosses rouflaquettes, grossier, provocateur et lumineux. Ma mère, Paulette, petite femme décidée à la sensibilité d'artiste, arborait ses fausses pudeurs, son goût pour les « belles lettres » et sa passion pour l'étude des caractères. Coluche aimait provoquer ma mère, qui le lui rendait de bonne grâce, avec ses conceptions révolutionnaires sur la manière dont les enfants devaient éduquer les parents, tandis qu'il entretenait avec mon père une relation fascinée. Il était touché par ce petit commerçant juif, athée, généreux, bordélique et philosophe et lui avait dit à mon insu qu'il s'occuperait de ce fils feignant et insouciant, si un jour c'était nécessaire. Ce qui fut dit fut fait.

Je n'arrivais pas à cerner ce gros garçon fort en gueule et imprenable dans les discussions, à la dégaine agressive et colorée. Je me tenais à distance. Sa capacité à percevoir chez l'autre les contradictions et les incohérences m'avait frappé et m'inquiétait un peu. J'avais besoin de protéger le confort de mon statut d'enfant gâté. Pourtant, un jour de 69 marqua le point de départ d'une amitié qui devait éclore onze ans plus tard. Le matin même j'avais passé mon permis moto. En arrivant au magasin, tout fier avec mon papier rose, je croise Coluche en grande discussion avec mon père, comme d'habitude. Devant la boutique, rue Frédéric-Sauton, il y avait une T500 Suzuki toute neuve, il venait de se l'acheter. En m'entendant annoncer la nouvelle à mon père, il me lança les clefs de la 500 et me dit : « Qu'est-ce que t'attends pour aller l'essayer ? » Il n'est pas besoin d'être motard et d'avoir rêvé toute son adolescence de piloter des belles motos pour comprendre ce que le gamin qui sait à peine conduire a pu ressentir devant ce geste de confiance et de reconnaissance. Ce tour du quartier Latin d'une dizaine de minutes a modifié mon avenir. Les passions que nous allions partager plus tard – la politique et la moto – se trouvaient déjà dans la vie fofolle et chaotique du magasin de Yacha et Paulette à la fin des années 60.

Cinq ans plus tard, à l'automne 74, Coluche est connu. Il a rencontré Paul Lederman et Claude Martinez, ses deux producteurs, il y a un an ou deux, il remplit tous les soirs le Caf' Conc' rue de Berri aux Champs-Elysées. Je viens voir le spectacle, je suis à la SNCF, et j'ai « presque » une licence d'histoire et géographie dans la poche. Alain Pellet est devenu son régisseur. Ils me proposent tous les deux de venir les rejoindre pour apprendre un « vrai métier ». Je quitte sans hésitation la réservation électronique des places à la SNCF, malgré des protestations exprimées sans trop de conviction par mon père. Je deviens « poursuiteur » de Coluche. Autrement dit, je suis chargé de tenir le projecteur de poursuite, celui qui fait un rond blanc autour de l'artiste, de conduire le camion et de décharger le matériel nécessaire au spectacle. La formation va durer cinq ans, pendant lesquels Coluche et Alain vont transformer l'étudiant et le glandeur, comme ils m'appellent, en quelqu'un qui finit par comprendre ce que veut dire le mot « travail ». Ce sera quelquefois douloureux, à plusieurs reprises j'essaierai de partir, et chaque fois Coluche, sans que je comprenne pourquoi, m'en empêchera.

Au printemps 79, pendant une tournée dans l'Est, je me blesse en installant ma poursuite. Revenu de la clinique où l'on m'a fait un plâtre, j'apprends par l'habilleuse que Coluche m'attend dans sa loge avant le début du spectacle. A ce moment-là mes sentiments vis-à-vis de lui sont dominés par la méfiance et je suis persuadé qu'il me convoque pour me virer. En arrivant dans sa loge, il me dit : « Tu t'es blessé, ça veut dire que t'es plus fait pour ce boulot, dès demain tu deviens régisseur. » Le régisseur en titre, René Gorlin, qui décédera dans des circonstances dramatiques un an plus tard, est mon ami depuis près de quatre ans qu'il est en fonction. Je refuse. Coluche conclut cet entretien en me disant : « En fait, ce que tu ne supportes pas, c'est de devenir le chef de ton chef. » Je lui en veux de cette proposition qui fait fi de l'amitié que j'ai pour René, mais nous finissons par négocier grâce à l'intervention de Claude Martinez. Je deviendrai le responsable des éclairages et René restera régisseur.

A l'époque, je me sens évidemment plus proche de René que de Coluche. Aussi grand et fort que je suis mince et petit, René, ancien régisseur de Claude François et de Thierry Le Luron, est devenu un des mentors de ces années où, avec retard, je sors de l'adolescence. Pourvu d'une intelligence puissante et instinctive accompagnée d'une forte sensibilité, il est tendre, violent, psychologue, généreux et retors. Il a été voyou dans sa jeunesse, il ne me l'a pas caché. Il a fait dix-huit mois de prison, je ne l'apprendrai qu'après sa mort. Il m'apprend le métier, ses combines, ses codes, ses moyens d'action, et vient respirer avec circonspection la culture et les valeurs morales, généreuses et naïves qui m'ont été transmises. Il intervient juste à temps quand je m'apprête à faire des erreurs, me protège parfois physiquement quand nous croisons des situations où les mots ne suffisent plus. Il s'amuse ou s'enflamme lors de nos longues discussions sur la route des tournées, quand il s'agit de l'amour et du bonheur de l'humanité.

Six mois passent et les rapports avec Coluche, en tout cas de mon côté, sont toujours aussi distants. Il est la star, je suis l'ouvrier. Un soir de décembre 79, à Lyon, il est sur scène, énervé, je le sens, car derrière la « poursuite » on perçoit particulièrement bien l'état de celui qu'on couve de son halo blanchâtre. Soudain, certainement à cause d'un détail, il sort René de sa place derrière les rideaux et lui dit devant le public : « Viens faire mon boulot, tu verras si c'est facile. » Après le spectacle il lui annonce qu'il ne veut plus travailler avec lui. L'équipe technique, véritable bande, est composée de René, Pierrot son frère, notre jeune *road* Vincent et moi. Le reste de la troupe, c'est-à-dire les musiciens, nous appelle les Pieds nickelés. Nous n'y sommes pas pour rien. Nous leur livrons fréquemment un récit d'aventures rocambolesques, à la limite de la légalité, de la bienséance et parfois de la vérité, soigneusement mis en scène au préalable, destiné à nous « stariser » à leurs yeux. Notre jeu est double : raconter des histoires et nous faire rares pour compenser ce que nous croyons être notre statut de piétaille des spectacles de Coluche en tournée. En tout cas, ce soir-là, une fois de plus, nous boudons et refusons de souper avec Coluche et les musiciens.

Pierrot est aussi maigre que René est enveloppé. A part de grands yeux bleus et une bouche fortement édentée qui les caractérisent tous deux, il ne lui ressemble pas. D'un caractère conciliant et d'une humeur égale, il est aussi simple que René est compliqué. Pendant que son frère et moi nous nous tournons autour pour nous réconcilier dans l'« honneur » après une de nos fréquentes brouilles, Pierrot drague les filles ou roupille dans un coin, philosophe, en attendant que ça se passe. Très attaché à son frère, il m'offre lui aussi son amitié et ne dédaigne pas d'apporter ses énormes mains quand les hasards de la tournée nous font croiser des situations où il doit sortir de sa bonne humeur. Vincent Lindon a dix-neuf ans quand il nous rejoint. Son beau-père, Pierre Bénichou, rédacteur en chef du *Nouvel Observateur*, est un ami de Coluche. C'est par ce lien que ce jeune homme fougueux et solidaire passe plus d'une année à l'« école pratique » des Pieds nickelés. Souvent en binôme avec Pierrot, il apprend avec bonheur auprès de lui ce que son milieu d'origine ne lui a pas automatiquement inculqué. Déjà déterminé à devenir ce qu'il est aujourd'hui – vedette de cinéma –, il nous parle souvent de son rêve de partir aux Etats-Unis pour y apprendre le métier de comédien. On l'écoute distraitement, au moins sûrs d'une chose : sa volonté d'essayer.

Le lendemain de cet incident lyonnais, à 8 heures, Coluche me réveille et m'annonce qu'il veut se promener avec moi dans la ville. « On n'a qu'à prendre ta voiture », dit-il. Je suis stupéfait par cette demande, d'abord parce que l'on ne se parle quasiment jamais seul à seul et ensuite parce que je n'ai pas le sentiment de faire partie des gens avec qui il a envie de se promener. Dans la voiture il me dit : « T'as rien compris, toi, tu crois que je suis méchant. Alors que je suis simplement obligé de jouer au méchant parce que personne ne le fait à ma place. C'est ça le boulot d'un régisseur, c'est anticiper tout pour que l'artiste puisse être rassuré, donc se laisser aller et pouvoir se consacrer au spectacle. » Je balbutie une réponse, il continue : « J'ai attendu que tu sois mûr, maintenant t'es prêt, René je l'ai embauché pour qu'il t'apprenne à travailler et à faire travailler les autres, c'est l'essentiel du métier, si j'étais pas artiste j'aurais adoré le faire. Je veux que tu prennes le pouvoir, que tu sois responsable de la troupe, que tu t'angoisses à ma place, tu seras évidemment augmenté, comme ça je gueulerai plus et je pourrai me laisser aller à être gentil. » J'obtiens dans la foulée que René soit maintenu à son poste de responsable technique et de réserver ma réponse jusqu'à ce que j'en aie parlé avec lui. Généreusement, il me répondra que je dois le faire parce que c'est mon heure et qu'il m'aidera dans ma nouvelle tâche. Mes deux aînés ont tenu parole. De ce jour, Coluche ne gueulera plus en tournée et m'offrira jusqu'à la fin sa confiance et son amitié ; quant à René, il m'apportera, jusqu'à son assassinat en novembre 80, son affection et son soutien.

En septembre 80, encore six mois plus tard, j'ai appris à mieux comprendre Coluche et je suis moins étonné quand il me propose d'occuper la fonction de secrétaire en plus de celle de régisseur. Toujours un peu inquiet, j'accepte, d'autant qu'il assortit à sa proposition à celle de participer avec lui à la grande aventure qu'il prépare : sa candidature à l'élection présidentielle de 81.

PREMIÈRE PARTIE

LA CAMPAGNE PRÉSIDENTIELLE
(septembre 80-mai 81)

« Si je n'ai pas élevé le niveau du débat politique, j'ai en tout cas élevé considérablement le niveau de la plaisanterie. »

Résumé de l'histoire selon Coluche.

La décision

A la mi-septembre 80, je prends mes fonctions de « bureau politique ambulant ». Coluche a une conception précise de la mission qu'il me confie. Elle repose sur le principe que toute chose à faire est d'égale importance. Aller chez Rougier et Plé à la Bastille pour se procurer l'attirail du parfait cordonnier, négocier l'achat d'une voiture ou bien passer deux heures à coller des « gélatines » roses sur le plafonnier de la Buick a autant d'importance que faire la synthèse de l'actualité du jour ou la préparation d'une réunion avec un politique. Il n'y a ni priorité ni préséance, les choses sont à faire, c'est tout. En revanche, il faut penser vite, agir avec précision, percevoir ses accélérations et ne pas être à contretemps, sous peine de se voir infliger le propos cinglant qui fait mal. Garer la voiture, la conduire ou la faire laver, vérifier ce qui doit l'être pour la bonne marche du spectacle au Gymnase, faire avec lui les magasins, écouter tout ce qui se dit et donner son avis en tête à tête, répondre au téléphone, lire toute la presse, participer aux dîners mondains, refaire le monde le soir autour d'un « pétard » et renvoyer la balle sur chacune de ses idées nouvelles, voilà ce qu'il attend. En fait, être là tout le temps pour me trouver à la pointe de l'information sur sa vie professionnelle au sens large. Car il n'explique pas les passages du « film » auxquels on n'a pas assisté et considère comme une erreur de ne pas être au courant.

L'élection présidentielle de 74 a été l'occasion de son vrai lancement en tant que vedette. Lors de la soirée électorale du deuxième tour qui mélangeait un plateau d'actualité et un plateau de variété, animé, je crois, par Guy Lux, il a fait pour la première fois un sketch à la télévision à une heure de très grande écoute. Il a joué « L'histoire d'un mec » au moment où la France entière attendait, rivée à son poste, la déclaration du perdant de la présidentielle, François Mitterrand. En 81, il a en mémoire le bénéfice personnel qu'il a tiré de ces élections. Toutefois, cette anecdote révèle quelque chose de plus important qu'il utilisera à chaque fois, notamment pour la création des Restaurants du Cœur. Une élection nationale est un moment idéal pour « ouvrir sa gueule » si l'on a quelque chose à dire.

« *Moi, je l'ai fait que parce que l'on était dans une période électorale. Donc, on est dans une période où manifestement les journaux ne veulent parler que de ça pour sensibiliser l'opinion, où les cadors retiennent leur souffle jusqu'au dernier moment... En même temps on parle d'eux mais eux ne parlent pas. Donc pour exploiter la politique en ce moment on peut tout prendre. C'est comme ça que je me suis présenté aux élections en 1981, et c'est comme ça que j'ai fait les Restaurants du Cœur aussi. C'est une situation qui est favorable et qu'on a choisie à un moment précis*[1]. »

Si en 74 l'élection a servi son désir d'être reconnu, en 81 elle peut servir sa volonté d'utiliser encore mieux le statut de vedette que le public lui a donné. Il ne s'agit pas de se faire de la pub, même si par provocation il dit le contraire, il n'en manque pas. Il s'agit plutôt de faire le meilleur sketch qu'il ait jamais fait, celui qui prendrait sa matière dans la réalité même, dans le domaine le plus prestigieux, et qui offrirait au public, qui lui a tant

1. Coluche. Conférence aux francs-maçons, 27 février 1986.

donné, un véritable défouloir. Il dit souvent que la politique et le ping-pong sont ses deux sports favoris. A cette époque il n'en pratique pas d'autre. Le soir, chez lui, on ne parle que de ça. Selon lui les élections sont gagnées d'avance et « Giscard sera réélu dans un fauteuil ». Il pense comme beaucoup que cette campagne sera d'un ennui profond. Le seul moyen d'y échapper, c'est qu'un clown vienne mettre un peu d'ambiance. Il est d'autre part « remonté » contre le régime et considère que les hommes politiques dans leur ensemble sont des nantis et des menteurs, qui vivent de nous au lieu de vivre pour nous. Il dit qu'au « ras du sol, on se fait chier » et que rien n'est fait pour améliorer notre vie quotidienne.

Il a commencé à réfléchir à cette idée avec Romain Goupil, un jeune cinéaste qui a été son « éminence » à RMC au printemps précédent et qui est à l'époque un « bras droit qui tire à gauche » comme il aime à le dire. Cette expérience sur la radio monégasque ne durera que cinq jours. Les conceptions radiophoniques de Coluche et de son assistant ne semblent pas avoir emporté l'adhésion de la Principauté. Il y a également Maurice Najman, journaliste à *Libération*. Tous deux sont trotskistes. Ils sont différents. Goupil a un discours et une apparence de militant étudiant de la LCR [1], sur qui l'âge adulte n'aurait rien émoussé. Il affiche sa passion pour le cinéma et fait penser à l'image que l'on se fait du jeune créateur romantique dans le septième art.

Najman milite alors à l'AMR [2], une des tendances du « pablisme [3] », il est plus dandy et porte sur lui et dans son attitude tous les signes de la « branchitude » des années 80. Tous deux sont sympathiques, enjoués et, à l'inverse de moi, tout à fait à l'aise dans l'ambiance de la

1. LCR : Ligue communiste révolutionnaire.
2. AMR : Alliance marxiste révolutionnaire. La LCR et l'AMR sont des partis trotskistes fondés à la suite de Mai 68 et issus du Parti communiste internationaliste.
3. Pablisme : courant majoritaire de la IVe Internationale dirigé par son secrétaire Michel Raptis, dit Pablo, et combattu par la majorité de la section française emmenée par Pierre Boussel, dit Lambert. Un débat de tendances qui provoquera une scission en 1953.

maison Coluche. Il s'y croise quasiment tous les soirs les gens du Café de la gare, ceux de la troupe du Splendid, les musiciens de sa propre troupe et des individualités vedettes, futures vedettes ou inconnues telles que Gérard Lanvin, Didier Jallier alias Jean Jean et sa sœur Doudou, Renaud, Xavier Thibault, Jacques Delaporte, Patrick Olivier, Roland Giraud, de temps en temps Eddy Mitchell, Reiser, Martin Lamothe, Rufus, etc.

Pendant la campagne, deux autres personnes ont un rôle spécifique. Laurence Guindollet, cigarière pendant les fêtes : c'est elle qui, à l'aide d'une petite machine à rouler, prépare les joints abondamment consommés par l'assemblée. Elle sera chargée de dépouiller le courrier pendant l'aventure présidentielle et d'entretenir du mieux qu'elle peut la correspondance avec les comités de soutien. Dany Benamor, beau garçon à tête d'indien, occupe la fonction de cuisinier, d'aide auprès de Laurence et de sondage permanent, car sa réaction aux événements permet de se faire une idée de ce que va ressentir le public. Certains habitent là, d'autres ailleurs, la maison est grande et il n'y a pas de chambre inoccupée. Tout le monde, en tout cas, a son rond de serviette, et le soir les tablées sont souvent de vingt-cinq ou trente. L'ambiance est néanmoins codifiée, et quiconque n'a pas le langage, l'attitude conforme ou l'adoubement du « chef » peut être repoussé par le groupe ou carrément interdit de séjour. Se mouvoir avec aisance dans ce petit monde où se mêlent la générosité, l'anticonformisme, la brillance du discours et les postures culturelles à la mode n'est pas simple, je mettrai quelque temps à m'y faire.

Coluche est conscient que se présenter, c'est mettre le pied dans un territoire inconnu. Il a beau justifier son envie par le nombre, en augmentation permanente – à peu près 30 % –, des abstentionnistes qui pourraient être ses électeurs naturels, il est hésitant, malgré les vivats de la cour réunie chez lui. Beaucoup y vont de leur anecdote sur la grand-mère ou le copain de bistrot qui a déclaré mordicus qu'il ou elle voterait Coluche, s'il se présentait. Pas dupe, il leur renvoie que ces sondages familiaux ou amicaux n'ont aucune valeur. Il les calme en disant : « Ça veut rien dire, malin, ils te disent ça parce qu'ils savent que tu me connais, ça leur donne l'impression de faire partie de la bande. » De mon côté, quand j'ose ouvrir la bouche, c'est pour affirmer que cette candidature pourrait faire gagner la gauche, et cette perspective suffit à faire de moi un chaud partisan de l'aventure. Quant à Coluche, tantôt il affirme sa puissance en disant : « J'ai fait plus d'entrées payantes dans mes galas que Lecanuet a fait d'entrées gratuites dans ses meetings. » Mais aussitôt après il modère son propos par : « T'imagines, si je fais 2 %, la merde que ça pourrait mettre au deuxième tour ? » En fait, il refuse de se décider tant que Paul Lederman n'a pas donné son feu vert. Paul est son producteur, le tremplin et le gardien de sa carrière et, en fait, l'homme en qui Coluche a le plus confiance. Il est le seul qui ose lui dire non. Leurs relations sont parfois virulentes, souvent exclusives et quasi fraternelles, Paul occupant plutôt le rôle du frère aîné. Paul n'aime pas que quelqu'un s'immisce entre lui et son artiste. Il n'est pas chaud, surtout que Coluche serait prêt à démarrer avec *Charlie-Hebdo* comme seul soutien. Selon Paul, il ne faut en aucun cas dépendre de qui que ce soit et aliéner notre liberté. Il en va de la crédibilité et de l'efficacité de l'opération. Il ne fait pas mystère de sa méfiance envers les nouveaux copains de Coluche – Goupil en particulier – qui voudraient donner à cette candidature un sens politique et révolutionnaire, alors que lui considère qu'elle ne doit être qu'une farce et un canular dans l'esprit du music-hall. Un soir pourtant, Coluche tente de faire éclater ses réticences et le provoque à table devant tout le monde : « Alors Paul, cette campagne on la fait avec ou sans toi ? – On la fait à ma façon, ou on la fait pas », lui rétorque-t-il. Passé cet échange musclé dont ils sont coutumiers, Coluche lui demande : « Combien de temps te faut-il ? – Donne-moi quinze jours », répond Paul.

Cependant, le lendemain après-midi, au calme, Paul vient voir Coluche et lui ouvre sa pensée. Oui à la campagne, mais pas d'incursion sérieuse dans la politique, c'est une farce et cela doit le rester. Les choses se feront à sa manière, c'est-à-dire en grand et en gardant toujours un lien direct et fort avec le public, car c'est le seul moyen de rester intouchable. Au préalable, il lui fera rencontrer des spécialistes de politique qui lui donneront une vision de la réalité de ce monde.

L'annonce à Marianne

20 octobre : premier communiqué de presse.
26 octobre : « l'appel » de *Charlie-Hebdo*.
30 octobre : première conférence de presse au Gymnase.
2 novembre : publication d'une liste de soutien de 151 personnalités.

Coluche a commencé à distiller l'idée au Café de la gare en juillet. Tout l'été, il laisse entendre dans les interviews qu'il donne aux journalistes de variétés que cette perspective lui trotte dans la tête. L'objectif est simple et ambitieux à la fois. Aller au premier tour et négocier un cahier des charges, constitué au préalable pendant la campagne et alimenté par les problèmes rencontrés par les gens au « ras du sol ».

Il se doute bien que s'il commence à avoir du succès – selon lui c'est 2 % –, les politiques vont se défendre. Mais il ne sait pas du tout d'où et comment cela va se manifester. Paul fait venir Michel Luneau, un de ses vieux amis, directeur général de Médiavision et spécialiste de la communication. Quelques jours après, c'est Maurice Siegel, le fondateur de VSD, et entre autres créateur de la rédaction d'Europe 1. Chacun à sa manière explique à Coluche que la politique a des fonctionnements et des références qui n'ont rien à voir avec ce qu'il a l'habitude de côtoyer et que c'est un monde globalement dangereux. C'est plutôt la violence physique dont nous nous méfions à l'époque. En revanche, nous n'avons pas du tout conscience de la puissance des blocages institutionnels. En fait, Coluche ne se pose pas trop de questions. Chacun va faire ce qu'il sait faire, il verra ce que ça va donner. Paul a mis ses réseaux en alerte. A l'époque la connexion avec un petit groupe d'hommes clés permet d'inonder la France avec une information. Ce travail préparatoire fait, Paul laisse la parole à Coluche et envoie le 20 octobre le communiqué que ce dernier a rédigé la veille en quelques minutes : « Les hommes politiques se moquent beaucoup de nous, moquons-nous un peu d'eux, je serai la boule dans leur jeu de quilles. » Le lendemain tout le pays en parle.

Le dimanche suivant, en revenant du théâtre avec Coluche et Romain Goupil, nous rédigeons l'appel fondateur qui paraîtra dans *Charlie-Hebdo*. La rapidité avec laquelle ce texte est écrit me surprend, ils ont dû en parler avant. L'idée est que le premier acte de cette candidature s'adresse d'abord aux abstentionnistes et, plus généralement, à tous ceux qui se sentent méprisés par le système. « J'appelle les fainéants, les crasseux, les drogués [...], les Français, les Arabes, les chevelus etc. » Chacun dans sa tête se demande qui représente une minorité et puis cela fuse dans tous les sens en sachant que la fin de la phrase c'est « tous ceux qui ne comptent pas ». Cela nous met immédiatement au cœur de l'esprit de la campagne : nous sommes tous des minorités et les minorités mises bout à bout cela fait... du monde.

Dans le même temps, Paul convoque la conférence de presse pour le 30 au théâtre du Gymnase. La Buick 56, acquise un mois plus tôt et fraîchement repeinte en rouge et blanc, nous y emmène au son de la musique qui rythmera cette campagne : le *Boléro* de Ravel. Il est habillé en Michel Colucci, jeans, chemise à carreau et petit foulard. Il est calme, concentré, modeste et ras-

Avis à la population

COLUCHE CANDIDAT

J'appelle les fainéants, les crasseux, les drogués, les alcooliques, les pédés, les femmes, les parasites, les jeunes, les vieux, les artistes, les taulards, les gouines, les apprentis, les Noirs, les piétons, les Arabes, les Français, les chevelus, les fous, les travestis, les anciens communistes, les abstentionnistes convaincus, tous ceux qui ne comptent pas pour les hommes politiques à voter pour moi, à s'inscrire dans leur mairie et à colporter la nouvelle.

TOUS ENSEMBLE
POUR LEUR FOUTRE AU CUL AVEC

Coluche

le seul candidat
qui n'a pas de raison
de mentir.

Nous invitons les sympathisants et les comités de soutien spontanés à afficher, diffuser et reproduire cet appel historique.

suré de voir tous les rangs de « l'orchestre » remplis de journalistes. Pendant le trajet, c'est lui qui conduit. Il me rabroue lorsque je m'angoisse devant l'embouteillage qui nous coince boulevard Saint-Michel, mais laisse percer ses doutes en demandant calmement : « Tu crois qu'il y aura du monde ? »

« Ma candidature est une plaisanterie à caractère social. Elle est à la fois sérieuse et fantaisiste, car je n'ai pas la prétention d'être élu [...]. Je me présente pour les abstentionnistes, ceux qui ne votent jamais et qui sont pourtant consommateurs de politique comme les autres, qui s'emmerdent comme les autres.

– Avez-vous un programme ?

– Non, je n'ai pas de programme : la droite vend des promesses et ne les tient pas ; la gauche vend de l'espoir et le brise. J'aurai un cahier des charges où tous les gens qu'on emmerde pourront demander ce qu'ils veulent. Vous comprenez, un organisme comme le Club Méditerranée a déjà fait plus pour que les gens s'emmerdent pas, que tous les hommes politiques réunis. Il faudrait que ça change.

– Que ferez-vous entre les deux tours ?

– Je ne me désisterai pour personne. Mais je lance un défi aux deux candidats. Je suis prêt à négocier avec eux à la télévision mon cahier des charges. Il y a des choses de la vie sur lesquelles ils doivent pouvoir s'engager : foutre la paix aux marginaux, aux immigrés, s'occuper des vieux et des jeunes, désarmer la police, réaliser les transports gratuits, etc. »

Comme il le dit à cette occasion, il n'a aucune raison d'avoir un programme. L'esprit de sa candidature, c'est que sa notoriété, sorte de boîte vide et d'amplificateur, va permettre aux gens d'exprimer leurs frustrations au quotidien, et qu'il va pouvoir ainsi leur donner de la voix, une existence politique. Sa candidature est faite pour être remplie par les désirs et les revendications de tous ceux qui la soutiennent. Evidemment, son but n'est pas d'être élu. Il ne prétend pas dominer l'économie ni la géopolitique, même si, à titre personnel, il a des opinions sur ces sujets. Ce n'est pas ça qu'il a à faire passer, ce n'est pas ça son boulot. Il dit à un moment : « J'aimerais bien que les hommes politiques arrêtent de regarder vers l'extérieur et qu'ils nous regardent un peu, nous. Qu'ils regardent un petit peu notre vie. » C'est sur ce point qu'il veut peser, forcer les hommes politiques à « tourner leurs yeux » vers le pays qu'ils gouvernent.

L'exemple qu'il répète sans cesse est celui du Salon de l'enfance. Il y a emmené ses enfants et il n'y avait pas assez de place pour mettre les voitures. Tous ceux qui étaient garés n'importe où ont pris des contraventions. D'un côté, explique-t-il, « on nous incite à amener nos enfants dans une manifestation qui leur fait plaisir, et de l'autre les pouvoirs publics nous rançonnent, alors que l'on n'est pas responsables du manque de places de parking ». Par cet exemple, il dénonce un système qui se fout de la gueule des gens sans qu'apparemment personne ne soit responsable.

Il porte un regard grave sur la société, même si son constat s'étaie sur l'anecdotique, avec une méthode d'action qui repose sur la tradition du canular. Ainsi, deux jours après que Michel Debré a fait paraître une liste de « 150 personnalités qui soutiennent la candidature de Michel Debré », il décide de faire la même chose avec encore plus de noms et surtout de célébrités. C'est un dimanche comme d'habitude, le dimanche après-midi étant tout au long de la campagne le moment des réunions du « bureau politique », au retour du théâtre, à 17 heures. Chacun d'entre nous prend un téléphone et commence à appeler. Au bout de douze coups de fil, nous tombons sur dix absents et deux répondeurs, alors que *Charlie-Hebdo* attend la liste pour le lendemain, jour du bouclage. Après une petite discussion, les scrupules sautent et il décrète qu'on citera les noms de tous ceux auxquels on pense sans les avoir joints. « C'est ceux qui n'y seront pas qui vont gueuler », dit-il. Même si, à l'époque, le show-biz ne se présente pas encore comme le porte-drapeau des valeurs humanistes et reproduit plutôt la dichotomie politique de la société, il est majoritairement avec lui. Tout ce qui est dit par Coluche, s'ils n'y adhèrent pas, les artistes le ressentent. Lorsqu'il « ouvre sa gueule » sur des choses à l'époque insupportables – notamment cette langue lisse et creuse des médias ou des propos officiels – ils suivent, qu'ils soient de droite ou de gauche. Il mentionne des stars telles que Montand, Sardou, Delon, Ventura en leur ajoutant des métiers ou des états farfelus : Sardou chanteur masqué, Yves Montand représentant, Alain Delon huître, etc. Ensuite, comme on n'a pas assez de noms, chacun met sa bande de potes, ses parents, son conjoint, etc. Et on arrive à 153, puisque le but était de faire plus que la liste de Michel Debré. Et personne ne va se plaindre, sauf Serge July et Jean-Louis Péninou de *Libération* qui, bien que nos alliés comme on le verra plus tard, n'ont pas goûté la blague.

COMITÉ DE SOUTIEN À LA CANDIDATURE DE

COLUCHE

Les 150 premières signatures

Hugues	AUFRAY	*(Chanteur connu)*
Catherine	AMOROS	*(Gouine)*
Claire	BRETECHER	*(Dessinatrice)*
	BEN SAOUD	*(Arabe)*
Rosa	BOGUSLAWSKY	*(Française)*
Annie	BEUGNON	*(Chef cuisinière)*
Jean-Claude	BRIALY	*(Comédien)*
Jean-François	BIZOT	*(Hésitant)*
Alain	BELON	*(Huître)*
Georges	BERNIER	*(Chauve)*
Jean-Paul	BIRON	*(Taulard)*
Romain	BOUTEILLE	*(Comédien)*
Marie-Christine	BONNET	*(Enseignante)*
Dany	BENAMORT	*(Photographe)*
Claude	BERRI	*(Producteur cinéma)*
Nathalie	BAYE	*(Comédienne)*
Josianne	BALASKO	*(Comédienne)*
Pierre	BENICHOU	*(Journaliste)*
Michel	BERGER	*(Compositeur)*
Daniel	BALAVOINE	*(Chanteur contestataire)*
Philippe	BRUNEAU DE LA SALLE	*(Auteur à succès)*
Maggy	BORINGER	*(Strip-teaseuse)*
Patrick	BOURSIER	*(Fort des halles)*
Frédéric	BLANC	*(Journaliste)*
	CHRISTOPHE	*(Chanteur de tubes)*
	CAVANNA	*(Journaliste)*
Daniel	COHN-BENDIT	*(Révolutionnaire allemand)*
Pierre	COUMIAN	*(Médecin)*
Fabrice	COAT	*(Abstentionniste)*
Maryse	CORNOUEIL	*(Fainéante)*
Christian	CLAVIER	*(Propriétaire)*
	CARLOS	*(Chanteur comique)*
	CABU	*(Dessinateur)*

Julien	CLERC	*(Chanteur)*
Francie	CAMUS	*(Prostituée)*
Pierre	CHARPENTIER	*(Anarchiste)*
Thierry	CHABERT	*(Assistant cinéma)*
Claudine	CONTE	*(Femme de ménage)*
Véronique	COLUCCI	*(Assistante production)*
Jean-Claude	DUPIEU	*(Garagiste)*
Carole	DAGENAIS	*(Jolie fille)*
Michel	DRUCKER	*(Producteur télé)*
Christine	DELACHAISE	*(Assistante direction)*
Gérard	DEPARDIEU	*(Comédien)*
Jacques	DUTRONC	*(Chanteur comédien)*
Patrick	DEWAERE	*(Comédien)*
Bernard	DUPLAIX	*(Collectionneur)*
André	DELPIERRE	*(Architecte)*
Gérard	DESPAUD	*(Boucher)*
Michèle	DIEZ	*(Institutrice)*
Claude	ENGEL	*(Appelé du contingent)*
Dominique	ESNAULT	*(Apprenti)*
Catherine	EUILLET	*(Marin)*
Nino	FERRER	*(Chanteur)*
Léo	FERRÉ	*(Chanteur anarchiste)*
Romain	GOUPIL	*(Crasseux)*
Christine	GOZLAN	*(Productrice)*
Louis-Auguste	GIRAULT DE COURSAC	*(Noble)*
Gérard	GENINI	*(Chômeur)*
Laurent	GASPERI	*(Handicapé)*
Pierre	GORLIN	*(Dentiste)*
Laurence	GUINDOLLET	*(Habilleuse)*
Marcel	GOTLIB	*(Dessinateur)*
Richard	GOTAINER	*(Chanteur sur disque)*
Odette	GAMBERINI	*(Mère de famille)*
France	GALL	*(Chanteuse)*
Jean-Luc	GODARD	*(Cinéaste)*
	GÉBÉ	*(Dessinateur)*
Pierre	GRUNSTEIN	*(Étranger)*
Johnny	HALLIDAY	*(Star)*
Didier	JALLIER	*(Nègre)*
Pierre	JOLIVET	*(Comédien)*
Marc	JOLIVET	*(Frère)*

Michel	JONASZ	*(Chanteur)*
Serge	JULY	*(Journaliste)*
Annie	KEBADIAN	*(Sténo-dactylo)*
Stéphane	KANTOR	*(Chirurgien)*
Jean-Pierre	KALFON	*(Comédien)*
Paul	LEDERMAN	*(Escroc)*
Gérard	LAPLIURE	*(Musicien)*
Didier	LAVERGNE	*(Pédé)*
Thierry	LHERMITTE	*(Communiste)*
Gérard	LENORMAN	*(Chanteur)*
Gérard	LANVIN	*(Comédien)*
Martin	LAMOTTE	*(Fou)*
Jacques	LANZMAN	*(Écrivain)*
Éliane	LIDDEL	*(Fainéante)*
Bernadette	LAFON	*(Comédienne)*
André	LICHNEROWICZ	*(Membre de l'Institut)*
Georges	LAUTNER	*(Réalisateur)*
Gérard	LEFÈVRE	*(Peintre)*
Richard	LERVILLE	*(Menuisier)*
Georges	MOUSTAKI	*(Chanteur)*
Jacques	MARTIN	*(Comédien)*
Aldo	MARTINEZ	*(?)*
Philippe	MANESSE	*(Comédien)*
Yves	MONTENT	*(Représentant)*
Paulette	MAURICE	*(Abstentionniste)*
Eddy	MITCHELL	*(Chanteur de rock)*
Alex	METAYER	*(Comédien)*
	MIOU-MIOU	*(Comédienne)*
Betty	MIALET	*(Journaliste)*
Claire	NADEAU	*(Chômeuse)*
Maurice	NAJMAN	*(Chevelu)*
Patrick	OLIVIER	*(Travesti)*
Didier	PLUVIAUD	*(Docteur chirurgie dentaire)*
Jean-Louis	PENINOU	*(Ancien socialiste)*
Ludovic	PARIS	*(Pédé)*
Alain	PELLET	*(Marin)*
Christian	PORTAL	*(Décorateur)*
René	POURCHESS	*(Restaurateur)*
Jean-Baptiste	POIROT	*(Décorateur)*
Roman	POLANSKI	*(Réalisateur)*

Guillaume	PONSIN	*(Sculpteur)*
Thierry	PONSIN	*(Architecte)*
Ramon	PIPIN	*(Chanteur)*
Joël	QUETTIER	*(Chevelu)*
Roland	RECORDON	*(Oisif)*
Jacques	RENAUD	*(Punk)*
Yacha	ROYAC	*(Piéton)*
	RENAUD	*(Chanteur connu)*
Ton	REGAZZOLA	*(Sociologue)*
Lila	RECIO	*(Comédienne)*
Dick	RIVERS	*(Idole)*
Jean-Marc	REISER	*(Dessinateur)*
Michèle	ROBERT	*(Sténo-dactylo)*
Alain	SOUCHON	*(Chanteur)*
Henri	SORIN	*(Conseiller municipal*
Yann	SIBIRIL	*(Alcoolique)*
Dominique	SECHAN	*(Comédienne)*
Gilbert	SIGAUX	*(Professeur art dramatique)*
	SOTHA	*(Auteur)*
Liliane	SARRASSAT	*(Femme)*
	SINE	*(Dessinateur)*
Michel	SARDOU	*(Chanteur connu)*
	SHEILA	*(Chanteuse connue)*
Xavier	THIBAULT	*(Musicien)*
Vina	TARASSOF	*(Speakerine radio)*
	TOPOR	*(Dessinateur non volant)*
Jean-Marc	THIBAULT	*(Comédien)*
Maurice	VALLET	*(Parolier)*
Lino	VENTURA	*(Comédien)*
Laurent	VOULZY	*(Chanteur)*
Jacques	VILLERET	*(Comédien)*
Robert	WILLARD	*(Animateur radio)*
Sylvie	VARTAN	*(Chanteuse)*
M.-Stéphane	VAUGIEN	*(Hôtesse de l'air)*
Brigitte	VENTILO	*(Directrice)*
Jean-Michel	VAGUELSY	*(Juif)*
	WILLEM	*(Dessinateur)*
Jean	YANNE	*(Comédien)*
Claude	ZIDI	*(Réalisateur)*
Josiane	ZARDOYA	*(Toulousaine)*

Les intellectuels

24 octobre : *Libération* apporte officiellement son soutien à Coluche.
5 novembre : premiers contacts avec les « intellectuels ».

Grâce au concours de Maurice Najman et de Romain Goupil, nous faisons rapidement la connaissance des intellectuels de gauche, ou plutôt d'extrême gauche : Félix Guattari, Gilles Deleuze [1], Pierre Bourdieu, Gérard Soulier, Jean-Pierre Faye, Jean Chesneaux, qui sont tous de grandes « pointures » : professeurs au Collège de France, professeurs de droit, philosophes...

Ils représentent la génération des intellectuels soixante-huitards, moins à la mode au début des années 80. Dans le souffle libertaire de Coluche, ils retrouvent des traces de leurs théories. Ils sont sensibles à son appel aux minorités, à la façon dont il pointe une démocratie verrouillée et au lien direct, en dehors du jeu institutionnel, qu'il pourrait entretenir avec des mouvements sociaux existants ou en gestation. Leur réseau touche également des magistrats, notamment

1. Félix Guattari et Gilles Deleuze, respectivement psychanalyste et philosophe, sont considérés comme des penseurs majeurs de la fin du XXe siècle. De l'*Anti-Œdipe* (1972) à *Qu'est-ce que la philosophie ?* (1992), ces « anarchistes joyeux » se sont attachés à débusquer les nouvelles formes d'autoritarisme de nos sociétés néo-libérales.

ceux du Syndicat de la magistrature, mais aussi des individualités de la gauche « propre sur elle », socialistes ou radicaux. Parmi eux, François Loncle, à l'époque radical de gauche et proche de François Mitterrand, qui nous accompagnera quasiment jusqu'au bout, ou Gérard Soulier, qui nous fera percevoir les mécanismes des dysfonctionnements de la justice.

Le sentiment que la justice, et plus largement la Constitution, n'est pas au service du peuple français mais au service d'une caste qui domine le pays est partagé par beaucoup. Et parce que ces intellectuels considèrent comme antidémocratiques certains articles de la Constitution (notamment l'article 16 et l'article 49.3 [1]), Coluche me demande de m'en procurer le texte et de l'apprendre par cœur. Nous sommes, à l'époque, persuadés que la Constitution a été faite pour de Gaulle et pour la droite afin d'empêcher la gauche d'arriver au pouvoir.

A partir de cette période, Paul considère que Coluche s'engouffre dans une mauvaise direction. Il dira par la suite : « Quand je vous ai vus essayer de refaire la Constitution le soir, je me suis inquiété. » Coluche aime tellement la politique qu'il ne faut pas le pousser beaucoup pour oublier qu'il s'agit d'une farce et de rien d'autre. C'est en tout cas le « deal » qu'il a passé avec Paul.

Nous allons plusieurs fois chez Félix Guattari dans le VIe, derrière le Luxembourg. On y rencontre beaucoup de monde, sans savoir jamais de qui il s'agit. Un après-midi, un jeune type dit à Coluche quasiment comme un ordre : « Bon, maintenant t'as pas le choix. Nous on se mobilise pour te suivre, toi tu dois faire un parti. » Coluche lui répond sèchement qu'il n'a pas l'intention de devenir un leader politique ni de structurer le mouve-

1. L'article 16 donne les pleins pouvoir pour trois mois au président de la République en cas de menace pour les institutions.
L'article 49.3 donne au gouvernement le moyen de faire passer une loi sans vote de l'Assemblée, à moins que ne soit déposée une motion de censure.

ment qui semble se dessiner, car ce serait contraire à l'esprit même du « bol d'air » qu'il peut apporter. Un peu plus tard, sans doute pour faire passer l'idée, Jean Chesneaux lui propose de faire un journal, *La Lettre de Coluche* – « il n'aura même pas besoin de s'en occuper », dit-il –, car cela permettrait de vraiment fédérer le mouvement. Coluche, faussement naïf, lui répond qu'il est contre et explique : « Quand t'as un journal à toi, ton message n'est plus repris par les autres médias. Quand on ne s'adresse qu'aux siens et à ceux qui sont d'accord avec vous, on diminue forcément son influence. »

Plus généralement, il s'oppose à toute volonté de construire un mouvement politique. Mi-novembre, on lui propose d'assister à Montpellier à un meeting organisé par la fédération des comités de soutien qui vient de se constituer. Il refuse. Il se méfie de tout ce qui peut l'assimiler aussi bien à un politicien qu'à un militant. Paul dit souvent qu'il ne faut pas se mettre en situation de dépendre de qui que ce soit.

Pour Coluche, il y a également autre chose. Il ne faut pas organiser ce qui remonte, cela doit vivre tout seul, en revanche chacun doit assumer ce qu'il compte faire de sa candidature.

C'est pourquoi il a l'idée d'une affiche polyvalente avec sa photo, laissant sous son nom un grand espace où chaque comité de soutien pourra inscrire ce qu'il veut. Pour illustrer son propos, il donne en exemple l'affiche réalisée par le comité de la BNP. En détournant leur slogan publicitaire, les gens du comité de soutien de cette banque ont conçu une belle affiche composée d'un bras d'honneur sous lequel on peut lire : « Votre Coluche nous intéresse ».

De son côté, Félix Guattari rédige un appel de soutien à la candidature qu'il fait signer par une cinquantaine d'intellectuels de renom. Coluche ne manifeste pas de fierté particulière devant le soutien de tant de signatures prestigieuses, mais il y voit aussitôt l'illustration de l'esprit qu'il veut donner à cette campagne. Que chacun, là où il est, dans son milieu, pour ses propres raisons, s'approprie cette candidature et exprime à sa façon ses raisons de la soutenir. Quand Guattari, un soir après le dîner, lui demande d'un air trop détaché s'il a vu son appel, Coluche lui répond simplement : « Oui, c'est vachement bien, mais c'est ça la candidature, les mecs qui sont pour moi, il faut qu'ils le fassent. »

10 % de tout le monde

15 novembre : Coluche à la une du *Nouvel Observateur*.

Charlie-Hebdo soutient Coluche totalement depuis le tout-début. Nous leur fournissons du contenu et, ensuite, ils vivent leur vie. Ils écrivent, font des affiches, des briquets, des bonnets, des écharpes, toute la panoplie du parfait militant « coluchien ».

Les premiers échos sont très rapides, des comités de soutien spontanés se créent dans toute la France, il y en aura plus de trois cents. *Charlie-Hebdo* sert également de boîte aux lettres, nous en recevons près d'un millier par semaine. L'ouverture des lettres n'est jamais un moment agréable, parce que la majorité ne sont pas des lettres de « rieurs », mais des lettres de misères avec un « s » minuscule ou un « M » majuscule au choix : problèmes de « mitoyenneté » ou de tracasseries administratives, tapeurs qui, plus ou moins maladroitement, réclament de l'argent, d'autres lettres aussi, toutes simples, de gens désintéressés qui proposent des idées, qui ne sont pas étudiées parce que nous ne sommes pas assez structurés, mais surtout des lettres où les gens racontent leur situation et où une vision angoissante de la misère en France en 80 se dégage.

La candidature est naturellement soutenue par nombre de journalistes qui enfourchent le thème de la campagne pour faire des articles d'analyse sur les ratés de la démocratie française. Rapidement, les patrons de presse se rendent compte que Coluche fait vendre non seulement en tant qu'artiste de variétés mais également, en cette période pré-éléctorale peu intense, en tant que candidat. C'est ainsi que Coluche fait la une du *Nouvel Observateur*, le 15 novembre, et permet à l'hebdomadaire d'augmenter ses ventes de 65 %.

Cette couverture de l'*Obs* est assortie d'un sondage auprès des lecteurs qui indique que 27 % d'entre eux déclarent vouloir voter pour lui. De la part des lecteurs de l'organe quasi « officiel » de la gauche, c'est tout de même étonnant. Nous l'apprenons la veille de la sortie par Pierre Bénichou, le rédacteur en chef, venu vers minuit rue Gazan à l'heure où, après le spectacle, nous nous mettons à table. En arrivant, il donne à Coluche la couverture, toute fraîche sortie des rotatives, en lui disant d'un air presque désabusé : « Tiens, t'as la une. » Coluche, muet de surprise et d'émotion, se reprend vite. Il anticipe d'emblée la première conséquence de cet événement : on ne devrait pas tarder à avoir des nouvelles des socialistes. Les premiers émissaires débarqueront cinq jours plus tard. La seconde, liée à la première, mais nous l'apprendrons ultérieurement, c'est que la décision de mettre Coluche sur la couverture est en réalité un pied de nez à Mitterrand qui vient de déclarer sa candidature. La majorité de la rédaction est plutôt rocardienne. Nous ne percevons pas encore que le succès de la candidature de Coluche est à même de déstabiliser l'ensemble du monde politique.

Dans l'équipe, c'est l'euphorie totale, mais nous n'avons pas le temps de faire du triomphalisme, depuis quelques semaines déjà nous sommes débordés. Nous sommes au cœur d'un tourbillon dans lequel se mélangent la carrière d'artiste de Coluche, son statut de candidat à la candidature et des recherches intellectuelles, peut-être stériles mais nécessaires à l'enthousiasme. Tout d'un coup, changement de dimension : ça se « barre » dans tous les sens. Ça bouillonne. Coluche est la personne la plus en vue de France, il devient celui que le Tout-Paris doit connaître.

Des gens qu'il n'avait jamais ou peu vus sont attirés par la lumière de son rez-de-chaussée de la rue Gazan. Des patrons de médias, des stars de cinéma, de grands producteurs et des personnalités des arts, des lettres, du sport... Débarqueront aussi bien Michèle Morgan et Gérard Oury que Belmondo, Jean-Louis Dabadie, Pierre Perret, Serge Lama, Marcel Julian, Johnny Halliday, Daniel Cohn Bendit, etc. Et j'en oublie beaucoup. Tous ces gens très chic, très connus ou très respectés viennent voir « le » phénomène. Manger autour de la grande table bistrot chez Coluche et y avoir son rond de serviette semble devenir un privilège national recherché. Côtoyant de près, pour la première fois de ma vie, toutes ces personnalités, je ne comprends pas bien ce qui se joue. Physiquement présent, mais ignorant de la réalité du pouvoir et de l'influence de chacun, je découvre un langage et un code de relations humaines dont je ne connaissais pas l'existence. Devant ces échanges policés, je cherche à repérer la différence entre la sincérité, la séduction et la duplicité. Vaine recherche, cela n'a justement aucune importance. Coluche, rompu à l'exercice et parfaitement épaulé par sa femme, semble apprécier. Il préside le dîner, fait rire, écoute les anecdotes, goûte les vins et met tout le monde d'accord sur la situation politique ou la dernière pièce de théâtre. Une fois la porte fermée sur le dernier convive, j'ai souvent droit à un petit signe complice de soulagement. Privilège de l'artiste que de savoir se promener avec aisance à tous les niveaux de la pyramide.

Peut-être, à ce moment-là, commençons-nous à nous prendre au sérieux, les délires « constitutionnels » autour du joint nocturne ont dû y contribuer. Une sorte de sentiment de mission à accomplir, et il faudra attendre cinq ans pour y parvenir. Mais chacun d'entre nous se nourrit dans ces échanges fébriles. L'annonce de la candidature, les premières déclarations et les 10 à 12 % de moyenne dans les sondages ont déclenché une énergie incroyable autour de Coluche. Une effervescence mondaine mais aussi intellectuelle et populaire. La société lui renvoie visiblement ce qu'il n'a fait jusque-là que pressentir, le fait d'incarner la frustration de toute une partie de la population.

C'est dans ce mouvement que, par l'intermédiaire de Maurice Najman et de Romain Goupil, des contacts sont pris avec *Libération*. Après une première visite de Serge July un soir chez Coluche, nous y allons en délégation pour négocier une phrase quotidienne. Au journal, ils sont en plein tiraillement. Le rédacteur en chef de l'époque, Jean-Louis Péninou, est, nous dit-on, rocardien. Il y a beaucoup d'autres tendances. *Libé* est encore très marqué par les guerres intestines du gauchisme finissant : maos orthodoxes, maos spontex, trotskistes de toutes obédiences, féministes, anars, FHAR (Front homosexuel d'action révolutionnaire), etc. Coluche n'est dans aucune « ligne ». A *Libé*, on ne prend pas des décisions comme ça. Il faut que l'assemblée générale vote. Dès son arrivée, Coluche ressent qu'il ne fait pas l'unanimité, ce qui l'énerve. Il suppose qu'il va avoir affaire à des gens peut-être plus « chiants » que ceux qu'il stigmatise : tatillons, idéologisés, et qui manifestent une méfiance à son égard. Les choses ne vont pas se passer de façon simple, malgré la volonté affichée de Serge July. Le journal prépare sa mutation en entreprise de presse, mais nous ne le savons pas.

Libé offre un soutien du bout des lèvres, qui pourrait se résumer par : « Nous lui donnons un espace pour s'exprimer, mais ce n'est pas pour autant que nous sommes d'accord. » Ce soutien prend la forme d'une phrase de Coluche, sorte de maxime, publiée chaque jour dans le journal. Elle se situe en page 4, après une longue négociation pour décider de son emplacement. Dès le 21 novembre, un premier « clash » se produit. Une phrase sur Marie-France Garaud est censurée sans que Coluche en soit averti. A propos de la situation politique, elle a déclaré : « Je refuse l'aplaventrisme [...]. Quant au phénomène Coluche, il faut en pleurer car il prouve la déliquescence de la classe politique. » Je crois que c'est « pleurer » que mon camarade n'a pas aimé. Sa réponse qui, j'en ai honte, m'a fait rire, fut celle-ci : « Les 32 manières d'interpréter une candidature : Marie-France Garaud refuse d'être à plat ventre, elle n'a qu'à se mettre sur le dos comme d'habitude. » C'est vrai que c'est « limite », et nous l'avons ressenti. Je crois que de sa part, c'est une sorte de test vis-à-vis de *Libé*. Trois jours après, le journal publie un article expliquant les raisons politiques de cet arrêt momentané de la parution. Après une lettre de leur part et une conversation téléphonique d'une demi-heure entre Coluche et le rédacteur en chef, la collaboration reprend.

Brèves rencontres

12 novembre : rencontre avec Lalonde.
22 novembre : rencontre avec Nicoud.

Le problème des fameuses 500 signatures de parrainage se pose assez vite. Des visiteurs ou les journalistes rencontrés commencent à dire : « Normalement il faudrait aller chercher les signatures. » Nous nous interrogeons : « Comment va-t-on faire pour les obtenir ? » Nous ne débordons pas d'idées.

François Loncle vient un dimanche, seul, sans ses amis du groupe de Guattari. Il a une idée pour les signatures, il explique sa double casquette : dirigeant du Parti radical de gauche et relation personnelle de François Mitterrand. Il a tout pour plaire à Coluche. Au titre de son rôle chez les radicaux de gauche, il a accès à une liste de maires susceptibles de signer pour ce dernier. Il propose de faire un sondage auprès de cinquante d'entre eux, en envoyant une lettre qu'il a déjà préparée. Après discussions et modifications, Coluche fonce sur cette proposition. Cinq lettres d'intention de signature reviendront à la suite de ce sondage. En partant, Loncle dit à Coluche qu'il parlera de lui à François Mitterrand.

En attendant les socialistes, des représentants de minorités organisées ou de mouvements politiques plus marginaux viennent à sa rencontre. Les premiers à se manifester sont les comités de soldats. C'est un mouvement inspiré par les trotskistes qui tente de démocratiser, voire de déstabiliser « la grande muette » par la base. Compte tenu de son illégalité, ce soutien ne fera pas beaucoup de bruit à l'extérieur. Plus déterminante est la rencontre avec Joël Hérode, représentant de la communauté homosexuelle et journaliste au *Gay Pied*. Il demande que Coluche soutienne l'abrogation des articles L330 et L331 [1] du code pénal, qui sont des lois touchant aux droits des homosexuels. Les homos sont parmi les premiers à répondre à l'appel publié dans *Charlie-Hebdo*. Fidèle à sa méthode, Coluche va faire des plaisanteries sur les homos, tout en énonçant précisément chacune de leurs revendications. Il part du principe que le meilleur moyen de faire avancer une idée c'est le rire, parce que, au moins, on en parle. Selon lui, quand des gens rient, ils sont un peu plus à l'abri de comportements inhumains. Lorsqu'un groupuscule néo-nazi déclarera, un mois plus tard, lui apporter son soutien, il répondra dans *Libé* : « Je suis le candidat des pédés mais pas celui des enculés. » Cette phrase aussi peu politiquement correcte que celle sur Marie-France Garaud ne sera pas censurée. Solidarité antifasciste oblige.

Le 12 novembre, Coluche est convié à déjeuner au local du candidat écologiste, Brice Lalonde, rue du Château-d'Eau. Sans se considérer comme un écologiste, il est sensible à nombre de points soulevés par le discours des défenseurs de l'environnement. A l'époque où la pensée dominante du tout-nucléaire accepte mal la contestation et où l'on commence à voir les effets de l'industrialisation massive du siècle, les appareils politiques sont en retard sur cette prise de conscience. Et puis, dans l'écologie, il y a le souci de la vie quotidienne.

1. L'alinéa 2 de l'article L330 du code pénal stipule que l'homosexualité est une circonstance aggravante en cas d'attentat à la pudeur. L'alinéa 3 de l'article L331 punit les relations homosexuelles avec une personne de moins de vingt et un ans. Ils ont été abrogés respectivement en décembre 1980 et août 1982.

L'ambiance du déjeuner est enjouée, un peu scout et bien élevée. Grande table en bois rectangulaire, une douzaine de convives dont une ou deux jolies filles à l'apparence très naturelle, assiettes et verres en Duralex posés à même la table, salade de riz, taboulé, de l'eau en carafe et un peu de vin. Provocateur, Coluche dit tout de suite à Lalonde qu'il va se faire récupérer parce que les politiques n'ont pas d'autre choix que d'intégrer l'écologie. Par conséquent, il doute de sa capacité à obtenir les signatures. Lalonde répond que l'écologie est une pensée politique à part entière, pas l'appendice d'un parti, décrit les particularités de son mouvement et fait part de sa détermination à se présenter. Il garde son sourire quand Coluche lui dit « qu'il sera élu le jour où les arbres voteront ». Coluche tente de convaincre le candidat écologiste que les formes d'une association entre sa puissance médiatique et le contenu dont Lalonde est porteur sont à trouver, parce que c'est leur intérêt commun. Finalement, cette prise de contact se conclut sur un pacte : s'entraider, si l'un des deux a un problème pour les signatures. Nous quittons le local des écologistes badins et séduits, pestant contre Najman et Goupil qui n'ont pas trouvé l'adresse, mais convaincus que la promesse a toutes les raisons d'être tenue.

Coluche ne souhaite pas occuper le terrain de l'écologie, mais être le vecteur d'aspirations diverses, parfois contradictoires, qui n'ont pas de vrais espaces pour se faire entendre. Dans cet esprit, la rencontre avec Gérard Nicoud du CIDUNATI [1] est importante, il représente une part substantielle de la masse des artisans et des petits commerçants. Nicoud s'est fait connaître pour avoir mis à sac des recettes d'impôts et fait d'autres coups symboliques de ce type contre les pressions fiscales.

---

1. CIDUNATI : Confédération intersyndicale de défense et d'union nationale d'action des travailleurs indépendants, fondée en 1969 par Gérard Nicoud.

Najman et Goupil voient cette rencontre d'un mauvais œil, cette fois c'est volontairement qu'ils n'y participent pas, estimant que ce soutien tire la candidature vers la droite extrême. Il n'y a pas de discussion de fond sur cette divergence, de toute façon Coluche ne s'y prête pas, en tout cas pas en ma présence. Des piques laissent apparaître leur dépit. Coluche me demande incidemment mon avis sur ce point, je lui réponds que je suis d'accord avec sa vision des choses et que si, un jour, ce n'était plus le cas, je n'hésiterais pas à partir. Ce désaccord politique distendra un peu les relations avec eux et se terminera par un désengagement de Romain Goupil au mois de janvier. De son côté, Maurice Najman s'éloignera un peu de la campagne, mais réalisera pour *Libération* la première interview de Coluche « libéré », le soir du 10 mai 81.

Du point de vue de Coluche, Nicoud n'a pas fait de déclaration qui permette de le qualifier comme un représentant de l'extrême droite. Violence parfois démagogique contre la pression fiscale et les charges sociales, mais pas d'antiparlementarisme ni de propos d'exclusion. Le discours qu'il tient ressemble plutôt à quelque chose comme : « Les petits commerçants et les artisans sont étouffés par la lourdeur des charges alors qu'ils constituent un bassin d'emplois essentiel. » A ce titre, Coluche considère Nicoud comme le représentant d'une partie de la population dont le travail est utile à tous. Lui-même se voit comme un petit commerçant, pas comme un grand artiste, et il fait son métier comme un artisan. Il a le goût et le don du travail manuel ou intellectuel bien fait. La cordonnerie, la mécanique, la décoration, acheter et vendre des motos ou des voitures ou n'importe quoi d'autre, il adore ça. Même s'il trouve que leurs propos sont parfois corporatistes et outranciers, il comprend les préoccupations des mouvements de petits commerçants. A partir du moment où Nicoud ne tient pas de propos racistes, antiparlementaires, antirépublicains, il n'a pas de raison de le refuser, d'autant qu'il a déclaré dans la presse, quelque temps avant cette rencontre : « Si Coluche a besoin de signatures, nous les lui fournirons. » Lors du dîner chez Coluche avec Nicoud, son adjoint et Georges Moustaki passé là par hasard, les choses seront clairement posées. Nicoud dit en substance : « J'apporte mon soutien à Coluche à condition qu'il ne roule pour aucun parti et qu'il ne se désiste pour personne au second tour; il y a peu de chances que je fasse une conférence de presse commune avec les homosexuels mais cela ne retire rien à mon engagement. » Un peu à la manière d'un échange de « toasts » dans un banquet soviétique, Coluche répond : « J'accepte avec plaisir le soutien de Gérard Nicoud et de son mouvement, de toute manière ma candidature est ouverte à tout le monde... sauf l'extrême droite, bien entendu. »

Il a une fascination pour l'organisation du travail « à l'italienne », avec des petits commerces partout qui ne payent pas de charges et qui se débrouillent. Il croit au travail au noir, comme une des solutions de sortie du chômage. En 80, il doit y avoir à peu près un million et demi de chômeurs, ce qui n'a jamais été vu en France au moins depuis les années 30; tout le réservoir possible d'emplois, notamment dans les petites entreprises, semble bloqué par des réglementations contraignantes. D'après lui il est scandaleux de pénaliser le travail au noir quand il y a pénurie d'emplois. Une organisation saine, c'est une organisation dans laquelle celui qui a une initiative professionnelle peut la réaliser sans qu'on le fasse « chier ». D'autant qu'il assortit son propos de sa conception universelle de la Sécurité sociale qu'il formule à peu près en ces termes : « La Sécurité sociale devrait faire partie du budget de l'Etat au lieu d'en être séparée, car ce serait un droit pour tous. »

A la fin de ce dîner avec Coluche et Paul, nous y croyons beaucoup. Nous nous disons : « Ça y est ! On les a. On va les avoir, on a les signatures. » Nous pensons que, sur 3 000 maires avec lesquels Nicoud prétend être en contact, il va bien y en avoir 500 qui vont envoyer leur signature à Coluche, à sa demande.

Qui vous savez

22 novembre : rencontre avec Glavany et Collé.
3 décembre : dîner avec Attali.

Le 20 novembre, Coluche reçoit un coup de téléphone d'un certain Gérard Collé qui appelle de la part de Gébé, dessinateur à *Charlie-Hebdo*, et qui demande rendez-vous pour lui parler de « qui vous savez ». Ces précautions oratoires destinées à désigner Mitterrand et à le conditionner avant la rencontre l'agacent tout de suite.

Ils viennent à deux, Jean Glavany et Collé qui, nous l'apprendrons, fait partie de la cellule Communication du candidat socialiste. Ils arrivent en disant : « Qu'est-ce que vous voulez ? », ce qui en rajoute car Coluche n'a rien demandé et qu'ils débarquent chez lui. Ensuite, ils font un discours assez condescendant, dans lequel ils lui disent que tout ce qu'il réclame est contenu dans le programme de la gauche et qu'il serait bien inspiré de les aider plutôt que de se présenter. Coluche leur répond que si ce qu'il demande est contenu dans leur programme, c'est grave parce que personne ne le sait et en tout cas pas les 27 % de lecteurs du *Nouvel Observateur*, grand hebdo de la gauche, ni les 10 % de la population qui déclarent vouloir voter pour lui. Ce qui prouve qu'ils ne font pas très bien leur travail et que sa candidature est utile. Au bout de vingt-cinq minutes, ils préfèrent se retirer.

Jean Glavany est arrivé en disant : « Je suis le chef de cabinet de François Mitterrand. » La démarche est « officieusement officielle ». Coluche considère que c'est un signe clair. A cette époque, au début de la campagne, il est très énervé contre tous les hommes politiques. Il considère comme presque insultante la méthode utilisée pour venir lui parler, et il faudra toute la force de persuasion de Paul pour l'empêcher de donner à la presse l'enregistrement de la conversation qu'il a réalisé sur un petit Nagra [1] collé avec de l'Albuplast sur sa cuisse.

Pourtant il a, comme moi, la vision d'un rapport frontal et simpliste entre la droite et la gauche. D'un côté, les magouilles, les affaires, les libertés surveillées et les privilèges d'une classe. De l'autre, la justice sociale, la réforme du capitalisme, la liberté d'expression et l'abolition des privilèges. Nous fonctionnons affectivement dans cette logique, même si Coluche pense que la gauche institutionnelle n'est pas suffisamment en phase avec les aspirations des gens au « ras du sol », comme il aime à le dire.

Au reste, le sentiment de « libertés surveillées » s'est manifesté quelques jours plus tôt. Le 19 novembre, je crois, Coluche sort d'une interview sur Antenne 2 et un journaliste ami de Paul, Gérard Mérigaud, lui dit : « Méfie-toi, à mon avis, c'est une des dernières fois ici. Ta candidature déplaît en haut lieu. »

C'est la première fois que nous entendons parler d'une réaction institutionnelle à l'égard de la candidature, et elle n'encourage pas à changer d'opinion sur le pouvoir giscardien. A cette occasion, Paul va décider de mobiliser plus activement la presse étrangère. Pour protéger Coluche des misères qui pourraient venir du

1. Nagra : magnétophone professionnel miniature à bande.

pouvoir, il veut augmenter au maximum sa notoriété mondiale afin que l'image de la France soit engagée.

Fin novembre, France Gall et Michel Berger viennent voir le spectacle au Gymnase et proposent à Coluche de dîner la semaine suivante chez eux avec Jacques Attali. Nous arrivons à minuit, après le spectacle, avec Véronique, la femme de Coluche. Il y a Attali, Gall, Berger et Jean-Paul Enthoven, à l'époque journaliste au *Nouvel Obs*. Dîner très élégant dans un hôtel particulier du XVIe arrondissement. L'entretien démarre de manière un peu agressive car Coluche traite très vite Attali de menteur, quand ce dernier, à l'instar de Glavany et Collé, déclare que tout ce que réclame Coluche est dans le programme de Mitterrand. Attali se drape dans un air de prince bafoué, Coluche se radoucit, ils discutent jusqu'à 4 heures du matin. Le lendemain, Attali est censé décoller à 8 heures pour Washington avec Mitterrand. Il dit à Coluche qu'il rendra compte de cet entretien dans l'avion, indiquant par là l'importance qu'il donne à cette rencontre. Tout au long du dîner, il affirme que les socialistes ne sont pas opposés à cette candidature et il reconnaît ses vertus tant vis-à-vis de la jeunesse que des abstentionnistes. Il affirme que François Mitterrand a fait des déclarations dans ce sens, qu'il considère que Coluche est aussi respectable que n'importe quel autre candidat et qu'ils l'aideront du mieux qu'ils pourront. Cependant, il prévient que l'on ne mesure pas la dureté du monde politique, ni les réalités de la situation internationale et notamment le danger que représentent les Russes. A la fin du dîner, il dit en substance à Coluche : « Si vous avez un coup dur, on ne vous laissera pas tomber, vous ne vous rendez pas compte à quel point ils sont dangereux ; nous, nous sommes respectueux des droits mais en face ce sont des voyous. » Quand Coluche se fait concret et qu'il aborde le sujet des signatures, Attali ne s'engage pas. Il indique que ce n'est pas simple car les instances du parti ont décidé d'exclure tous les élus qui donneraient leur signature à quelqu'un d'autre que le candidat officiel désigné. Il va en parler et voir ce qu'il peut faire. Le message est qu'il comprend l'utilité de cette candidature, qu'il considère Coluche comme un allié mais qu'il faut faire attention. Nous sommes d'autant plus sensibles à ce discours que « les coups durs », on est en plein dedans depuis trois jours.

Dès le lendemain, nous discutons longuement de la réalité de son intention d'aider pour les signatures. Une certaine fascination, voire une séduction, s'est exercée. Coluche rencontre pour la première fois un politique important qui parle à son intelligence. Mais il reste méfiant.

La censure

24 novembre : assassinat de René Gorlin.
29 novembre : menaces de mort signées Honneur de la police.
27 décembre : article de Derogy dans *L'Express*.
22 janvier : déclaration de Mitterrand à propos de la candidature de Coluche.

Coluche pense avoir les signatures, il fait la une à peu près partout : le 10 décembre, il passe chez Guy Lux sur TF1 à 20 h 30, habillé en « Président », ce qui sera sa dernière apparition à la télévision avant les élections. Le 14 *Le Journal du dimanche* lui donne 16,5 % des intentions de vote, mais le 29 novembre, trois jours avant le dîner avec Attali, nous avons appris la mort de René Gorlin. La plaisanterie n'a plus la même saveur, c'est un sérieux coup au moral. Nous saurons un an après qu'il a été victime d'un drame passionnel.

Un certain nombre de gens se détournent de la candidature à ce moment-là. Le nom de Coluche change de rubrique dans les journaux. Il était passé de la rubrique « Spectacles » à la rubrique « Politique », et là, il tombe dans la rubrique « Faits divers ». Ceux qui cherchent un moyen de le salir en profitent pour faire un amalgame et déclenchent de violentes attaques qui s'appuient sur le passé soudainement révélé de René. C'est à ce moment-là que nous apprenons qu'il a fait de la prison dans sa jeunesse. La presse en fait le « gorille » de Coluche, ce qu'il n'a jamais été, comme je l'ai expliqué. En fait on tente de créer autour de Coluche l'image d'un homme entouré de gens douteux afin qu'il soit lui-même considéré comme tel. Certains journaux laissent entendre que Coluche a des accointances avec le « Milieu ». Tout est fait pour créer un climat de psychose, car quatre ou cinq jours après la révélation de la disparition de René, Coluche reçoit des menaces de mort signées Honneur de la police, le groupe qui avait assassiné Pierre Goldman un an plus tôt. Si, rapidement, nous écartons l'idée d'un lien entre ces événements, car René n'avait rien à voir avec la campagne, ces menaces pèsent lourd sur le « moral des troupes ».

On sait aujourd'hui de la bouche même du ministre de l'Intérieur de l'époque, Christian Bonnet [1], que celui-ci était prêt à tout pour arrêter cette candidature.

De mon côté, j'apprendrai deux ans plus tard par un inspecteur ayant travaillé sur l'enquête chargée d'élucider la mort de René Gorlin que les policiers savaient la vérité au bout de quinze jours et que la hiérarchie leur avait demandé de laisser « les passions retomber » avant de conclure. Les récentes investigations journalistiques confirment ce qui m'avait été dit et révèlent que, parallèlement, un groupe de policiers du ministère de l'Intérieur a été chargé par le cabinet du ministre de bloquer la candidature de Coluche.

On sait également aujourd'hui que ce groupe du ministère de l'Intérieur a fourni à tous ceux qui voudraient bien les utiliser des fiches de police concernant des peccadilles commises par Coluche dans sa jeunesse. Normalement, ces documents sont inaccessibles.

Dans cette tourmente, Coluche ne me donne pas l'impression d'avoir peur, il se demande seulement jusqu'où il va pouvoir aller. Il dit souvent, y compris en

1. In *Secrets d'actualité*, M6, avril 2001.

public : « J'ai promis à ma mère que si ça devenait dangereux, j'arrêterais. »

Compte tenu des lettres de menaces de mort qui ont été montrées à la PJ, une protection policière est accordée par la préfecture. Il y aura deux gardiens de la paix en permanence devant chez lui, jusqu'à la fin de la campagne. Un peu plus tard, une sorte de camping-car avec des rideaux stationnera également devant son domicile pendant plusieurs semaines, sans prendre une contravention. Est-ce un simple hasard, ou le groupe chargé d'arrêter sa candidature a-t-il mis en place une surveillance parallèlement à la protection officielle accordée ?

En tout cas, nous nous rendons bien compte qu'il y a « quelqu'un » qui n'est pas « pour » : pneus crevés, coups de téléphone et lettres anonymes, menaces signées Honneur de la police, sur ces points l'enquête de M6 apporte des explications, un policier parlant dans l'ombre reconnaît avoir fait partie de la « cellule » responsable de tous ces agissements.

La décision d'empêcher sa candidature est certainement antérieure à la mort de René. Cependant, cela a permis d'augmenter l'impact des actions entreprises contre Coluche, tant vis-à-vis de lui-même que des médias et du public. D'après *Le Canard enchaîné* de l'époque, le gouvernement a donné à ses préfets l'instruction de dissuader les maires d'apporter leur signature. C'était avant la loi de décentralisation, leur pouvoir étant plus direct. En tout cas, il a fait pression pour empêcher Coluche de s'exprimer, par censure ou autocensure. Tous les médias qui dépendent de l'Etat ont cessé de recevoir Coluche : les trois chaînes de télévision, toutes les radios de Radio-France plus Europe 1, RTL et RMC. Dans le même temps, les médias indépendants, essentiellement la presse écrite, sont refroidis par l'affaire Gorlin. Du coup les accusations de poujadisme ou de populisme prennent plus de crédit. Il va se former une collusion d'intérêts dans laquelle plus aucun moyen de communication important, de gauche ou de droite, ne va donner la parole à Coluche. A partir du mois de janvier, la mort de René et les révélations pernicieuses d'une partie de la presse permettent de faire passer un acte de censure pour un acte de protection des institutions de la République.

Il est vrai que, depuis le début, Coluche subit des attaques violentes : « On ne plaisante pas avec les institutions », « C'est de la démagogie », « C'est du populisme », « C'est du poujadisme », etc. Mais, de celles-là, il n'en a cure. Il n'ignore pas ce qu'elles veulent dire, mais il comprend aussi que ces mots-là ne touchent pas le public, les élites peut-être, mais pas la partie du peuple français avec laquelle il se sait en phase. Il interprète ces qualificatifs peu flatteurs comme la glose habituelle de ce qu'il appelle les « milieux autorisés », qui mettent une étiquette sur un phénomène qu'ils n'arrivent pas à appréhender. Il considère ces attaques comme la rançon du succès que le public donne à sa candidature. En revanche, jouer sur un assassinat qui n'a rien à voir avec sa candidature et empêcher complètement un candidat de s'exprimer, c'est changer de dimension.

La gauche s'y met elle aussi. Le 27 décembre, Jacques Derogy publie dans *L'Express* un article intitulé « La vraie nature de Coluche » : c'est la première attaque violente d'un média qui n'est pas particulièrement catalogué à droite. Cet article va toucher fort. Dans une interview publiée pour les quinze ans de la mort de Coluche dans le même hebdomadaire, Jacques Derogy déclarera : « Cela prenait des voix à Mitterrand, on s'est dit " là il faut arrêter ". » Mais il ne dit pas qui l'a mandaté.

A un moment donné, il va y avoir consensus entre la droite et la gauche pour dire : « Stop ! » Les candidats sérieux s'étant déclarés, les journaux deviennent militants. La situation médiatique française est pauvre ; il y a trois chaînes de télé, quatre radios et les journaux. Si la droite utilise le pouvoir d'Etat pour interdire sa parole et si les médias de gauche décident de se taire, il ne reste plus beaucoup d'espace.

Dans le même temps, les rapports avec Attali sont plus fréquents et nous sentons une tentative de mise sous contrôle. Tout ce que Coluche fait, nous sommes censés le lui dire. C'est l'accord conclu. Chacun informe l'autre de ce qu'il fait. Evidemment, personne ne le respecte. Mais nous voyons Attali quasiment toutes les semaines.

Rapidement, Mitterrand, à la suite de Fabius, fait une déclaration dans laquelle il affirme que Coluche a tout autant le droit de se présenter et est tout aussi respectable que n'importe quel autre candidat. Dans cette période où ce dernier subit une véritable campagne de diffamation, c'est quand même un bol d'air.

Le soutien des Alliés

28 janvier : conférence de presse devant l'association de la presse étrangère.
9 février : conférence de presse devant l'association de la presse anglo-saxonne.

La vie nocturne est toujours aussi intense, les artistes sont là, et la majorité des intellectuels présents depuis le début sont restés mobilisés. Parallèlement, les sondages se stabilisent à un niveau élevé, entre 8 et 12 %, et le courrier continue d'arriver à un rythme soutenu. Notre principal sujet d'inquiétude, c'est le silence des médias. Pour que la farce ait un sens, il faut que Coluche puisse faire son show. Il ne sait plus comment faire rebondir la campagne, et Paul s'inquiète pour la carrière de son artiste. Désormais, il n'est plus suivi par les journalistes politiques français et de moins en moins par les journaux « people ». Les attaques dont il a été victime ont terni son image. En outre, l'espoir placé dans les promesses du CIDUNATI se révèle une illusion. Aucune signature n'est arrivée de ce côté-là, et le nouveau secrétaire général de cette organisation déclare que le soutien apporté par Nicoud n'engageait que lui. Il reste encore de l'énergie pour tenter des coups, mais Coluche ne peut pas s'insurger contre le fait qu'il n'a pas les signatures, d'autant que le soutien populaire dont il peut se prévaloir ne repose que sur un élément virtuel : les sondages. Il serait facile de lui répondre : « Si on ne vous les donne pas, c'est bien la preuve que les maires ne vous font pas confiance. » Dire aux médias ou aux politiques qu'il n'a pas les signatures, c'est légitimer la fermeture de toutes les portes. Heureusement, la presse internationale relaie toujours sa campagne de façon très importante.

Paul arrive alors à organiser des conférences de presse avec les deux prestigieuses associations de presse étrangère. Seuls des hommes d'Etat bénéficient normalement de cette tribune. On se dit que les médias français ne pourront pas continuer longtemps à ignorer une candidature vedette à l'étranger. Qu'il y ait ou non des consignes de silence, si le monde entier en parle et qu'on n'en souffle pas un mot dans la presse nationale, la France se ridiculise. Ceux qui censurent savent qu'ils ne peuvent pas aller trop loin.

En plus de cet effet protecteur, ces rendez-vous avec la presse internationale ont un effet psychologique sur le « moral des troupes ». Paul les organise de façon que, chaque jour, deux télévisions et au moins deux ou trois journaux viennent interviewer Coluche. Ainsi, malgré la censure nationale, nous avons le sentiment d'être reliés en permanence au reste du monde.

Pour le premier rendez-vous, à l'Association de la presse étrangère, fin janvier, Coluche n'a pas de problèmes. Il reprend le sens de la conférence de lancement du mois d'octobre, développe sans ambiguïté son engagement antiraciste et s'explique sur l'accusation de poujadisme. Il saupoudre le tout de blagues sur la France et d'humour grinçant sur la censure dont il est victime. Il fait un tabac dont l'écho se fait entendre au Moyen-Orient, en Afrique et en Asie, mais pas du tout en France.

Pour le second rendez-vous, avec la presse anglo-saxonne, c'est plus compliqué parce que celui-ci a lieu à peine deux semaines plus tard. En revenant du Gymnase, ce dimanche après-midi, veille du 9 février, Coluche m'annonce qu'il ne sait pas quoi dire puisqu'il ne peut pas refaire la même chose. C'est bien la première fois que je le vois comme cela. En tournant la situation dans tous les sens, nous ne voyons qu'une seule solution pour intéresser les journalistes qui l'attendent le lendemain : annoncer qu'il a les signatures. Il hésite à franchir ce pas. J'insiste en lui disant qu'il peut utiliser à son avantage l'information selon laquelle les maires qui voudraient signer pour lui subissent des pressions de la part des préfets. Cela lui permet de donner un nombre invérifiable, puisque l'on comprendra aisément qu'il veuille protéger le nom de ses soutiens. Il appelle Paul pour avoir son aval, qui le lui donne. Retrouvant son énergie, il fait alors un paquet soigneusement ficelé en mettant les cinq vraies promesses de signatures au-dessus des demandes vierges apportées par François Loncle. Il cache la première lettre de façon que l'on puisse entrevoir une signature sans, évidemment, voir le nom de la personne.

La conférence du Hilton marche très fort. Il met un nez rouge, un chapeau de clown et me fait acheter un paquet d'Omo qu'il pose aux pieds de sa chaise. Dès notre arrivée, un journaliste lui demande : « M. Coluche avez-vous les signatures ? » Il en annonce 628, en faisant mine de vérifier auprès de moi, et met la main sur le tas de fausses signatures. Il se baisse, récupère la lessive et l'offre à l'auteur de cette question « inattendue ». Sourires, l'ambiance se détend.

L'inquiétude des Anglo-Saxons, c'est qu'il soit manipulé par le KGB ; il l'a pressenti. C'est la deuxième question posée : « Ne faites-vous pas le jeu des Soviétiques ? » Comme il m'a fait préparer une déclaration en russe sur la gentillesse de l'auditoire, il me demande à ce moment-là de la déclamer en guise de réponse. Surprise, petit silence gêné, certains comprennent la langue de Pouchkine, puis éclats de rire, le message est passé, il les a « gaulés », comme il dit. La presse mondiale reprend largement mais, en France, cela ne change pas grand-chose. Le journal télévisé fait une « brève » au 20 heures pour annoncer que Coluche affirme avoir ses 500 signatures de parrainage. Il y a un article dans *Le Matin* et dans *Le Monde* le lendemain. Après quoi, le silence s'installe à nouveau.

Les médias étrangers développent un véritable engouement pour sa candidature. Il fera plus d'une centaine de unes à travers le monde et au moins autant de reportages aux actualités télévisées de quasiment tous les pays pendant la durée de la campagne. Il est vrai que, dans un pays qui compte sur la scène internationale, un clown faisant 16 % d'intention de vote ne peut pas laisser indifférents les correspondants de la presse étrangère. La presse anglo-saxonne, qui a organisé la conférence du Hilton le 9 février, lui réserve une place particulière. Le discours de Coluche est peut-être plus en phase avec la pratique démocratique de la société anglaise ou américaine des années 80.

Il souhaite la liberté des mœurs, la liberté de parole, la liberté de l'expression artistique, la dépénalisation des drogues douces, l'augmentation de la consommation, la diminution des charges, l'augmentation du salaire des fonctionnaires et de la classe politique pour empêcher la corruption, l'étatisation de la Sécurité sociale et l'interversion des budgets du ministère de l'Industrie civile et de celui de la Défense. D'autre part, il souhaite modifier le rôle de la police : la désarmer, accentuer son rôle d'aide aux personnes en détresse et la constituer en force de proximité. Enfin, il veut démilitariser le pays, demander aux Américains de se charger de notre protection et surtout adapter nos normes techniques aux leurs pour être sûr de faire du commerce avec eux. Par certains aspects, en tout cas sur le plan économique, on n'est pas très loin du modèle anglais. Je me souviens de nombreuses discussions là-dessus dans lesquelles nous nous opposons. Pour lui, le nationalisme économique, c'est « bidon ». Il faut attirer en France les étrangers souhaitant investir, ce qui nous enrichirait collectivement. Il est en quelque sorte, et bien avant l'heure, un apôtre de la mondialisation avec une vision généreuse.

La fédération des petits candidats

La solution que Coluche perçoit à ce moment-là est de se tourner vers les autres petits candidats et, bien sûr, de demander de l'aide à Attali. Quelques tout petits candidats sont venus voir Coluche au Gymnase : Joseph Renneman, un avocat, favorable à la suppression des quartiers de haute sécurité dans les prisons, ira jusqu'à envoyer un bout de la peau de ses propres testicules au ministre de la Justice; Raymond Fouquet, venu de la part de Nicoud, candidat du Rassemblement des usagers et contribuables, s'oppose à l'administration fiscale; Claude Blanchard défend les acheteurs de maisons individuelles. Et d'autres encore. Ils ont une notoriété locale et ont obtenu quelques promesses de signatures. Il les reçoit individuellement dans sa loge au Gymnase. Ils sont intimidés devant lui, mais il leur prête une telle écoute respectueuse qu'ils se mettent rapidement à l'aise. L'idée est de constituer un arc-en-ciel de candidatures pour démontrer que la minorité est « immense », mais il faut surtout l'accord des « gros » petits candidats, porteurs de projets dépassant la satisfaction des intérêts particuliers. Un rendez-vous est pris avec Alain Krivine et Brice Lalonde. L'objectif est de rassembler les signatures obtenues par chacun et de partager le temps d'antenne précédant le premier tour de l'élection autour de la candidature la plus populaire, celle de Coluche, au cas où il n'y en aurait pas suffisamment pour tout le monde. Ils vont refuser.

Lalonde vient dîner un soir de février. Il s'affirme tenté mais laisse entendre qu'il a peur de se décrédibiliser en s'associant à Coluche. Il ne cache pas qu'il est contesté à l'intérieur de son mouvement, certainement à cause d'un manque de signatures ; des militants se sont même levés pour qu'il se désiste en faveur du commandant Cousteau. De plus, il avoue craindre que Coluche, bien que ce dernier s'emploie à le rassurer, ne fasse rire à ses dépens s'ils passent à la télé ensemble. Quelques jours plus tard, Jean Lecanuet, pour l'UDF, lui donnera les signatures qui lui manquent.

Alain Krivine passe boire un coup un après-midi. Il oppose la structure de son organisation car il n'en est pas le chef mais le candidat, si bien qu'il ne peut décider quelque chose de si important sans l'accord des instances de son parti. Quand Coluche lui explique que, grâce à cet accord, ses idées auront l'audience qu'elles n'ont jamais eue, il répond que son projet politique se marie mal avec une candidature à caractère spectaculaire. Ce n'est pas dit, car l'entretien est cordial et sympathique, mais l'accusation de poujadisme n'est pas loin, et l'on sent que, vis-à-vis de l'extrême gauche organisée, Coluche a commis un péché. Sa méthode : son mépris des appareils, son ouverture aux courants de pensée les plus divers, son refus d'organiser ses soutiens et son utilisation systématique des médias pour créer du mouvement. Que des électrons libres du trotskisme comme Najman et Goupil tentent de ramener cette candidature vers les luttes et la dynamique révolutionnaire, d'accord, mais qu'à l'inverse Coluche, ouvert également aux intérêts catégoriels, tente de récupérer les trotskistes, ce n'est pas de jeu. Autant Coluche a bien accepté la défausse de Brice Lalonde, comme s'il s'y attendait, autant je le sens touché par la fin de non-recevoir de Krivine. Partager les mêmes buts de fraternité, d'égalité et d'un monde meilleur avec quelqu'un qui refuse l'efficacité qu'il peut lui apporter, l'agace.

Comme il faut néanmoins tenter quelque chose, Coluche décide de convoquer la conférence de presse des petits candidats le 2 mars au théâtre du Gymnase. Il y a cinq vrais petits candidats qui ne représentent qu'eux-mêmes et leurs idées, et autant de copains déguisés en candidats venus faire un sketch. Notamment René Fallet pour les « Témoins de Gévéor » et Georges Bernier, alias Professeur Choron, de *Charlie-Hebdo* pour « Les chauves ».

Coluche a composé un petit spectacle. On est loin du fou rire. C'est du deuxième degré qui, comme son nom l'indique, ne s'impose que lorsque le premier n'a pas pu venir. C'est souriant et amer à la fois. Coluche qui, dans toute chose, même la moins réussie, met une énergie identique, se démène dans la mise en scène. Il a préparé sans que j'en sois au courant un bouquet final à sa mesure. A la fin, devant le rideau rouge fermé, dans le halo blanc de la poursuite, il se présente sans dire un mot, nu, une plume plantée dans les fesses et un nœud tricolore autour du sexe. Le même jour, le président Giscard d'Estaing a annoncé officiellement sa candidature. Le lendemain, on les verra côte à côte dans certains journaux. Faute de pouvoir parler, Coluche a repris un peu d'espace en manipulant le bon symbole au bon moment.

C'est quelque temps après ce spectacle un peu pathétique que nous vivons ensemble mais séparément un moment qui m'a laissé un souvenir exaltant mais teinté d'incompréhension. René Fallet, outre qu'il est un écrivain reconnu et le représentant des « Témoins de Gévéor », est un des meilleurs amis de Georges Brassens. A cette époque, il vient souvent chez Coluche, et encore plus souvent voir le spectacle au théâtre du Gymnase. Dans ces occasions, c'est avec moi qu'il traite, d'autant qu'il amène souvent des jeunes femmes charmantes et différentes. Nous avons un accord tacite de discrétion, ce qui crée des liens. Un jour, Coluche lui dit qu'il aimerait bien rencontrer Brassens. Quand il était plus jeune, avant d'être connu, il en était tellement fan qu'il lui arrivait de passer des journées entières à attendre devant le domicile du chanteur. Fallet ne dit rien mais entend ce souhait. Quelques semaines plus tard, Fallet dit un soir à Coluche qu'il est attendu à déjeuner chez Brassens dans la semaine. Le jour dit, je suis là, me réjouissant d'avance à l'idée de rencontrer celui dont les chansons ont bercé mon enfance et mon adolescence. Au moment de partir, Coluche me dit qu'il préfère y aller seul. C'est la première fois, depuis six mois que nous partageons ensemble toutes les rencontres importantes, qu'il me demande de ne pas assister à l'une d'elles. Ce jour-là, il est bougon. Peut-être veut-il me punir d'une erreur que j'ai commise, ou, plus simplement, n'a-t-il pas envie de partager avec moi ce moment si longtemps attendu. Son refus m'attriste. Je dois rester toute la journée chez lui à l'attendre. J'en prends mon parti, je n'ai pas le choix. Vers six heures du soir, le téléphone sonne. C'est Coluche. Il me demande de venir le chercher : sa voiture, mal garée devant chez Brassens, a été mise à la fourrière. Je lui demande l'adresse. Il ne me la donne pas et me dit : « Non, on va pas déranger, je t'attendrai à l'angle de la rue d'Alésia et de la rue Santos-Dumont. » Derrière lui, je reconnais la voix de Brassens qui dit : « Donne-lui l'adresse, c'est plus simple, il n'a qu'à venir ici. » Gêné, il obtempère. Ravi, je me jette dans la voiture et emmène Laurence Guindollet. Il faudra qu'elle ramène un véhicule et, surtout, j'ai peur d'être seul pour affronter la rencontre avec l'artiste de mes rêves. Je sonne au 44, rue Santos-Dumont, c'est Brassens qui ouvre la porte. Je suis blême, je bafouille : « Bonjour, excusez-moi, on vient chercher Coluche. » Il répond avec un sourire accueillant : « Entrez, on l'a envoyé négocier au commissariat, on a le temps de boire un coup pour faire connaissance. » Nous entrons, montons l'escalier qui conduit à sa salle de séjour, il nous offre un pastis, je me sens sur un nuage. Fallet me présente de façon très flatteuse et m'appelle son « lardon » préféré. Pendant la demi-heure où nous restons chez lui, Brassens parle de son père, mort pas très longtemps auparavant. Coluche finit par arriver ; il a négocié la récupération de la Buick et sonne à la porte ; Fallet lui ouvre. Brassens prend le temps de nous dire au revoir tranquillement et lance à Coluche resté en bas : « Attends-les, ils descendent. » Laurence reprend la voiture avec laquelle nous étions venus. Coluche et moi montons dans la Buick pour foncer vers le Gymnase. Sereins, réconciliés, sans un mot, chacun avec la part de souvenir que l'idole commune avait bien voulu lui donner.

Sortir du trou

Début février, Jacques Attali et sa compagne viennent voir le spectacle et dîner. Déjà fréquentes, les relations deviennent cordiales, voire conviviales. Nous le rencontrons pour la première fois avec sa future femme, Elisabeth. Il se découvre un peu et laisse entrevoir sa sensibilité et ses centres d'intérêt. Il souligne ses racines juives d'Afrique du Nord et les goûts simples d'enfance qu'elles lui ont imprimés. Il dessine son éclectisme et l'image d'omniscient qui le caractérise déjà en citant quelques-uns des nombreux livres qu'il a écrits. Il communique son admiration pour François Mitterrand, selon lui l'homme politique le plus intelligent qu'il ait jamais rencontré. Il dépeint avec chaleur son amitié pour France Gall, Michel Berger et Daniel Balavoine. Il veut en savoir plus sur l'entourage du candidat Coluche, et notamment comprendre le rôle de Paul, il s'intéresse à chacun de ses propos. Il dit les raisons pour lesquelles il trouve saine la candidature de Coluche. Elle désacralise l'image du pouvoir giscardien, elle ramène les jeunes et les abstentionnistes vers la politique en prenant des voix dans tous les partis. Quand Coluche l'entreprend sur son idée de supprimer les charges sociales en intégrant le tout dans le budget de l'Etat, il répond que, si la suppression est impossible, on devrait pouvoir arriver à les diminuer aux alentours de 25 %. Au cours du repas, la complicité s'instaure. Attali informe Coluche qu'un sondage commandé par le pouvoir, à paraître en mars, survaloriserait les intentions de vote en faveur de Mitterrand pour créer un réflexe de peur. Coluche propose d'ébruiter l'affaire chaque fois qu'il aura la parole pour contrer la manœuvre. A la fin de la rencontre, nous avons le sentiment qu'une alliance s'ébauche et que le candidat Coluche recevra du PS les signatures qui lui manquent.

Fin février, nous allons boire le thé chez Attali qui a appelé Coluche pour lui dire qu'il avait des choses importantes à lui confier. Nous espérons que c'est pour annoncer la décision de donner les signatures. En préparant l'entretien pendant le trajet, Coluche me fait part de sa volonté de révéler le nombre exact de promesses en sa possession. En arrivant, Attali nous invite à l'accompagner dans la cuisine pendant qu'il prépare le thé et nous dit : « Un sondage secret nous apprend que les chances de François Mitterrand sont sérieuses, il pense que votre présence dans le débat politique est très utile, mais que vous soyez réellement candidat avec les 500 signatures représente un risque. » Et il ajoute : « On sait que vous ferez un score important, il y a beaucoup de candidatures à gauche et on ne peut pas prendre le risque que Mitterrand soit troisième à l'issue du premier tour. »

C'est la douche glacée, mais l'argument est fort et donne à penser, au moment où j'écris ces lignes, à ce qui se passera vingt et un ans plus tard pour un autre candidat socialiste. Malgré la censure, Coluche est toujours crédité de 10 à 11 % des voix dans les sondages. Nous comprenons à ce moment-là que les socialistes ont décidé, peut-être depuis le début, de ne pas donner les signatures, mais qu'en même temps ils veulent rester « copains » avec Coluche. Celui-ci prend acte de cette annonce, ne dit pas s'il va se retirer, mais m'explique, lorsque nous sommes de retour chez lui, que le seul moyen qui reste pour récupérer la parole, et peut-être les signatures, c'est d'attaquer les socialistes.

Dans le même temps, Attali le traite comme un allié. Il essaie de lui transmettre, avec talent et enthousiasme, l'admiration qu'il a pour Mitterrand. Il lui démontre pourquoi il s'impose de plus en plus comme un futur président. Parallèlement, il prend Coluche au sérieux et pointe avec respect sa capacité à faire comprendre mieux que n'importe qui les injustices et incohérences du régime. Dans plusieurs conversations, il envisage avec Coluche les moyens qu'il aurait d'aider Mitterrand à mieux communiquer.

En revanche, il a promis de faire quelque chose pour débloquer la censure dont Coluche est victime mais, début mars, rien ne s'est ouvert. Coluche s'impatiente. Il dit à Attali : « Ça fait plus d'un mois que je suis au fond du trou et tu n'as toujours rien fait. Si ça continue, je vais être obligé de vous attaquer. » Il a toujours en tête le fait qu'il suffirait de s'en prendre aux socialistes pour que les médias s'ouvrent à nouveau, mais il ne peut s'y résoudre.

C'est à ce moment-là qu'Attali demande à Coluche d'écrire un article dans *Le Monde* sur *L'État de la France*, titre d'un livre de Giscard d'Estaing à paraître dans les jours suivants. Connaissant la date de parution, il fait en sorte que Coluche soit reçu au *Monde* et que son papier puisse être publié le jour même de la sortie du livre. Cette proposition ne répond pas à l'inquiétude de Coluche mais lui offre un peu d'espace d'expression libre dans le quotidien national le plus prestigieux. Il ne va pas faire la fine bouche.

« *L'état de la France, c'est aussi son humeur. Le rire est suspect : être gai c'est être subversif, nous vivons le temps de la télévision gnangnan, de ces émissions-somnifères faites les unes par-dessus les autres avec du papier calque. Les forains sont interdits dans les villes et dans les campagnes, les bals sont fermés : ils faisaient trop de bruit. Tout le monde s'emmerde. Bref on a tous les droits pourvu qu'on ne fasse rien* [1]. »

1. *Le Monde*, 29 mars 1981.

Mitterrand est de mieux en mieux placé dans les sondages, et il apparaît désormais comme le possible futur président. Coluche ayant déclaré depuis le début que « l'important c'est de sortir Giscard », n'a pas envie d'être celui qui empêcherait la gauche de venir au pouvoir, car cela fait vingt-trois ans que beaucoup, dont lui, en rêvent. Aussi sa position est-elle difficile. D'un côté, il ne veut pas se faire l'allié involontaire de Giscard, de l'autre, il sait que pour ceux qui ont cru en sa candidature il ne peut pas s'arrêter comme ça : il est allé trop loin. Il faut donc trouver le moyen de sortir « par le haut » et d'une manière qui sera comprise. Il ne se résigne pas, tout en ayant le sentiment d'être étouffé, d'être « dans le trou », ce qui paraît sans solution. C'est très pénible à vivre pour lui et à partager pour ceux qui sont à ses côtés. Dans cette première quinzaine de mars, sans entrer dans ses souffrances personnelles liées aux déchirures de son couple avant son divorce quelques mois plus tard, il est blessé de tous les côtés à la fois.

L'institution, quelle que soit sa forme, l'empêche de s'exprimer, les médias refusent de relayer. Seules les attaques continuent : une question écrite de Michel Noir à l'Assemblée nationale pour s'indigner qu'il ait pu tenir une conférence à l'Ecole polytechnique ; des articles désobligeants sur sa personne ; une convocation au Palais de justice pour port illégal de décorations suite à une photo gag parue dans *Charlie-Hebdo* ; une invitation à *Antenne 2 midi*, seule possibilité offerte de la période, annulée sans explication ; même un banal accrochage en voiture qui se transforme de manière incompréhensible en accusation de délit de fuite avec condamnation.

Cette cascade de désagréments, la fatigue, le stress de ces quatre mois intenses et ses problèmes personnels le mettent à genoux. Il n'en peut plus, il décide d'arrêter.

La grève de la fin

« Je ne suis plus candidat. J'ai voulu remuer la merde politique dans laquelle on est, je n'en supporte plus l'odeur. J'ai voulu m'amuser et amuser les autres dans une période d'une très grande tristesse et d'un grand sérieux. C'est le sérieux qui vient de gagner. Eh bien, tant pis, les gens seront déçus, je le suis aussi. Je suis déçu de mes droits civiques. J'arrête parce que je ne peux pas aller plus loin... Les maires se dégonflent, la censure, les menaces. Je rencontre beaucoup de journalistes qui voudraient m'aider, mais ils n'en ont pas les moyens parce que leurs chefs bloquent tout...

Si j'avais fait 2 % dans les sondages, on aurait trouvé ça rigolo, mais 10 % c'était trop. Déjà, la police fait un dossier sur moi dans le but d'interdire ma candidature au dernier moment. Je ne parle pas des menaces de mort et autres marques d'affection que l'on m'a fait l'honneur de m'adresser.

Messieurs les hommes politiques de métier, j'avais mis le nez dans le trou de votre cul, je ne vois pas l'intérêt de l'y laisser. Amusez-vous bien, mais sans moi[1].

Lorsque j'arrive chez lui ce jour-là, il a déjà rédigé et envoyé sa lettre. Il me dit qu'annoncer son retrait est le

1. Lettre de retrait.

seul moyen de récupérer la parole et que, lorsque les journalistes seront devant lui, il leur dira que sa candidature ne fait que commencer. Je suis dubitatif quant à la méthode, mais je vois sa détresse. En lisant la lettre je comprends que la seule chose que je puisse faire, c'est suivre et ne pas poser de questions. Il convoque une conférence de presse au Gymnase pour le lundi suivant 16 mars et décide de commencer une grève de la faim jusqu'à ce que l'émission *Cartes sur table* d'Antenne 2 et *Le Club de la presse* d'Europe 1 l'invitent.

Il a au moins raison sur un point. Il a suffi qu'il fasse part de son intention de se retirer pour que tout le monde vienne. La conférence de presse est bourrée. En revanche, le coup de théâtre fait un bide. Personne ne reprend qu'il est toujours candidat. Un journaliste de FR 3 venu l'interroger dans sa loge lui dit : « Alors, c'est le dernier coup que vous avez trouvé pour vous faire de la publicité ? » L'ambiance générale est à l'incrédulité, presque à la moquerie. La grève de la faim est à peine annoncée. Il n'y a que le public, les intellectuels comme Guattari, ravi du coup, et les amis du métier qui soient toujours là mais la campagne a été étouffée.

Un soir, Patrick Poivre d'Arvor passe chez lui pour dire à quel point il aimerait pouvoir parler de lui, mais qu'il en est totalement empêché. Coluche lui développe sa théorie du moment : « Mais vous êtes cons les journalistes, c'est maintenant qu'il faut se faire remarquer en me soutenant ! Ensuite, après les élections, si Mitterrand gagne, vous allez prendre du galon. »

Le jour de la conférence de presse, un huissier constate son poids et un médecin prend sa tension. Il mange un plat de pâtes sur la scène du Gymnase et annonce que c'est son dernier repas. Fait-il vraiment la grève de la faim ? En profite-t-il pour faire un régime ? Ou mange-t-il plus qu'il n'a jamais mangé, comme Paul l'affirme ? Je n'en sais rien. Je ne le quitte pourtant pas de la journée, mais je ne parviens pas à faire la différence entre la mise en scène de sa déprime et sa déprime elle-même. En tout cas, il fait rire avec son nouveau statut de gréviste de la faim sur scène et dans la vie privée. Il s'amuse de l'air gêné des gens qui viennent dîner, accompagne à table les convives sa bouteille d'eau à la main et en rajoute en demandant benoîtement ce qu'ils pensent de la nourriture. Il retrouve un peu l'œil rieur qu'il avait perdu juste avant sa décision.

Il a toutes sortes d'idées, même les plus inquiétantes, pour ramener l'attention sur lui. Il va jusqu'à envisager sérieusement, pendant une soirée, un faux attentat sur sa voiture. Je ne sais pas s'il est convaincu, ou si, par bravade, il veut tester notre réaction. En tout cas, il n'y revient pas. C'est le signe, malgré les apparences, qu'il domine à nouveau, qu'il est mal. Comme pour l'enregistrement de la conversation avec les socialistes trois mois plus tôt, il lui arrive parfois, quand il est particulièrement à cran, de se mettre en tête des projets douteux. Dans ces cas-là, c'est une conversation avec Paul qui fait descendre la pression à un niveau moins explosif.

Pendant ce temps, l'entourage se démène tous azimuts pour obtenir le rétablissement de son droit à la parole. Louis-Auguste Girault de Coursac, mon ami de lycée, rassemble une centaine de personnalités, dont un général, sur un appel contre la censure. Ce sera à peine repris. Il faudra acheter une page de publicité dans *Le Monde* pour qu'il soit vu. Seule réaction, Marco Panella, à l'époque député européen du Parti radical italien, invite Coluche au parlement de Strasbourg. Toutes ces initiatives restent sans effet. Le lendemain de cette conférence au Parlement européen, *Le Matin de Paris* titre à la une : « Coluche tenté par Mitterrand. » A l'intérieur du journal, on peut lire que sa position est plus nuancée. Quand le journaliste lui demande qui il choisit entre Giscard et Mitterrand, il répond Mitterrand. Mais lorsqu'il lui propose le choix entre Chirac et Mitterrand, après une petite pause, il lâche un « Je ne sais pas » dubitatif. Il n'a pas oublié le refus des socialistes de l'aider à obtenir les signatures. C'est ce que l'on appelle la réponse du berger à la bergère. Cependant, ce quotidien quasiment officiel du PS est le seul qui soit resté ouvert à Coluche tout au long de la campagne. Certainement une des conséquences de la relation avec Attali.

A part cela, le flip s'approfondit, bien qu'il sache parfaitement donner le change. Ce mal-être a plus de causes personnelles que « politiques ». Il a tendance à mettre tout sur le dos de l'injustice citoyenne qu'il subit, alors qu'en fait, c'est un pan de sa vie qui s'écroule. Son couple est en train d'agoniser. Il s'apprête à arrêter le music-hall et s'orienter vers le cinéma et il s'est mis en tête, depuis quelques mois, une sorte de retraite bucolique dans sa maison de Guadeloupe. Il cite souvent cette phrase un peu cliché : « Moi, ce que je veux, c'est réussir ma vie, pas dans la vie. » En fait, touché au cœur, il commence à être « largué » et perd momentanément ses capacités à rebondir. Paul décide d'arrêter tout. Coluche est soulagé, il n'arrive pas à prendre la décision tout seul. Un bref communiqué, et nous amenons Coluche dans une clinique dont Paul connaît la discrétion. Une agence aura l'exclusivité de sa photo, alité. Elle paraît le lendemain dans *France-Soir* et dans *Le Matin*.

Reposé, il sort de la clinique quelques jours après pour assister à la fin du « film » dont il est exclu et vaquer dans son atelier à l'occupation favorite du moment : la cordonnerie.

Cela a commencé un an plus tôt, peut-être une des conséquences du « trip » retour à la nature qu'il a attrapé en Guadeloupe. Tout le monde y passe. Sa femme, ses enfants et ses amis. Il a décidé d'investir au moment où j'ai pris mes nouvelles fonctions au mois de septembre. Il m'a emmené dans le magasin spécialisé à la Bastille et a fait les choses en grand. Machine à coudre le cuir, peaux entières brutes et de couleur, fils, emporte-pièce et toute la panoplie nécessaire à un vrai professionnel. Il a deux grandes spécialités : le mocassin d'indien fabrication « maison » et la « santiag » du commerce revisitée par ses soins. La première, très seyante aux pieds, est à éviter en cas de pluie, sous peine d'avoir l'impression de marcher en chaussettes mouillées. Quant à la seconde, s'il peut garantir une forme originale, il ne réussit que moyennement au niveau du confort. J'aurai le mollet cisaillé jusqu'au sang dans mes « camarguaises » toutes neuves, customisées par Coluche. Au fil du temps, ses « clients » seront un peu moins nombreux, mais il ne désespérera pas. Quelques années plus tard, il me convaincra que la selle de la 350 Yamaha qu'il m'a offerte pour un anniversaire n'est pas adaptée à ma morphologie. Un peu réticent, je la lui confierai et je retrouverai le lendemain une selle, il est vrai à ma taille, mais d'un style particulier qu'on pourrait appeler le style tôle ondulée.

Pendant cette période « cuir », les liens avec Attali se poursuivent et s'approfondissent. Celui-ci vient souvent voir Coluche, il est à l'écoute, il prend même des notes. Attali dit qu'une aube nouvelle va naître sur le pays et que toutes les idées intelligentes, et notamment celles de Coluche, seront prises en compte. Un jour, entre deux coups de marteau et les percussions de la machine à coudre, Coluche lui demande par provocation : « Alors, qu'est-ce que tu offres en cas de victoire de Mitterrand ? » Attali lui parle alors de diriger une grande chaîne de télévision nationale.

Coluche lui répond que ça ne l'intéresse pas, mais qu'il en fera peut-être une privée quand ce sera autorisé.

« Par contre, ajoute-t-il, ministre des Loisirs, je ne dis pas non.

– Qu'en ferez-vous ? rétorque Attali.

– Eh bien, par exemple, je prendrai une ville en France centrale où il ne se passe jamais rien. J'y ferai construire un stade couvert de 200 000 places, suffisamment grand pour que les groupes américains acceptent de venir. Je prévoirai des facilités de communications, et toute l'Europe viendra au concert en France. Les hôtels et les services se développeront dans cette ville autour du stade couvert. Avec le chômage, ça fera déjà une ville de sauvée. Bon, à la suivante, une autre ville... »

Entre les deux tours, après la grève de la faim, il part en Guadeloupe se refaire une santé. A son retour, la rupture avec sa femme se matérialise et il doit quitter le domicile familial. Il s'installe dans un appartement du Marais. J'assiste, un après-midi, à ses préparatifs de déménagement. Il est grave, concentré, silencieux et range avec soin ses effets dans des caisses empilées dans un coin de son atelier.

Le 3 mai, quelques jours avant le second tour, il déclare qu'il votera Mitterrand. Ce n'est pas un appel, c'est une indication de choix personnel. Il ne peut et ne veut pas faire plus. De toute façon, il sait que ceux qui se sont reconnus en lui n'ont pas besoin de ses consignes pour se déterminer. La dynamique engendrée par sa candidature a déjà laissé des traces.

Le 10 mai 81

A 18 heures 30, une heure et demie avant l'annonce officielle des résultats, Attali lui téléphone pour lui dire qu'ils ont gagné. Il l'invite à passer rue de Solferino au siège du PS. Lorsqu'il arrive, la police facilite le passage de sa Vespa 400, sorte de « pot de yaourt » des années 60. Il est acclamé par la foule. Il semble heureux. Les télévisions présentes sur les lieux foncent vers lui. Il fait remarquer aux journalistes que cela fait longtemps qu'il ne les a pas vus. Plus tard dans la soirée, alors que Maurice Najman l'interviewe pour *Libération* dans un bistrot des Halles, ils se font agresser par une bande de loubards.

De mon côté je suis place de la Bastille, j'y ai retrouvé par hasard Gérard Soulier, le professeur de droit de la bande des intellectuels, et nous décidons d'aller chez Coluche vers minuit. On y retrouve quelques copains à lui, et parmi eux Serge July. Coluche parle assez peu et s'occupe, prévenant, du confort de ses hôtes. Nous jouissons de la victoire de François Mitterrand, avec en plus la petite fierté d'y être un peu pour quelque chose, mais nous ne sommes pas dupes du rêve collectif qui s'accomplit. Serge July résume ce que l'on ressent ce soir-là au 44, rue du Temple : « Aujourd'hui, c'est avant tout la victoire de l'imaginaire. » Le lendemain soir, 11 mai, Coluche m'appelle en me disant qu'il a quelque chose à me montrer. En arrivant, il me tend une lettre manuscrite. Je l'apprends par cœur en la lisant.

« Cher Monsieur, je suis navré de l'agression dont vous avez été victime hier soir et j'espère que vous serez bientôt rétabli. Croyez en mes sentiments cordiaux. François Mitterrand. »

Coluche ne parlera pas en public de ce signe de reconnaissance intime et personnel de la part de l'homme et du président qu'il n'a encore jamais rencontré. Cependant, c'est le premier acte d'une relation qui ira en s'amplifiant jusqu'à la fin.

DEUXIÈME PARTIE

ÉPREUVES ET PREUVES

(septembre 81-juillet 85)

Le combattant désespéré

Au lendemain de ces événements, Coluche prend la direction d'une nouvelle vie. Mais d'abord il plonge. La souffrance consécutive à la rupture affective qu'il subit l'emmène très loin. Lui qui était violemment opposé aux drogues dures se réfugie dans l'héroïne. Lui qui était très organisé et précis ne tient plus compte de rien, de l'heure, du jour, de la nuit, de ses obligations. Il s'approche de ses limites dans tous les domaines, il lâche. Je le vois peu pendant l'été. Comme prévu, après l'arrêt du music-hall, il prend la direction du cinéma. Il tourne *Le Maître d'école.* Avant cette grande descente, il m'a proposé de le suivre comme assistant dans le cinéma afin, m'a-t-il dit, d'apprendre le métier de directeur de production. Je refuse. Après ce que je viens de vivre, j'ai peur de trouver ça fade et, la tête un peu enflée, je rêve d'un autre avenir. Peut-être ai-je besoin aussi de me reposer de lui et de me tourner un peu vers les miens. Je rédige mes notes sur la campagne et je l'accompagne à l'aéroport en partance pour un refuge prêté à Formentera.

En octobre, nous nous retrouvons. Je suis redescendu, je n'ai pas trouvé d'éditeur pour l'histoire de la campagne et il me propose de l'accompagner à la radio. Pendant la censure, au mois de décembre 80, Patrick Meyer, alors directeur de Radio 7, a démissionné de son poste parce que la direction de Radio France lui avait interdit de recevoir Coluche sur son antenne. Il l'a appelé pour le lui dire, Coluche l'a invité à dîner et des liens se sont noués. La gauche arrivée au pouvoir, le monopole de radiodiffusion est virtuellement mis à bas et, comme les Cent fleurs, les radios libres sont censées pouvoir éclore. Patrick Meyer crée RFM dès l'été 81, en septembre il rappelle Coluche pour lui demander de l'aide. Sa radio naissante est pourvue d'un émetteur puissant, de quelques annonceurs courageux (la pub est encore interdite) et subit un brouillage obstiné de la part du ministère de l'Intérieur parce qu'elle empiète, paraît-il, sur les fréquences de l'armée. Coluche n'est pas homme à refuser son concours à quelqu'un qui a pris son parti au moment où ce n'était pas vraiment la mode. Malgré son état, il décide de prêter sa voix et sa notoriété gratuitement, pour une émission quotidienne de deux heures et pour une durée d'un mois. Comme lui, peut-être en manque de causes à défendre, ou en tout cas en manque de moments intenses après ce que nous avons vécu, je suis ravi de plonger dans cette action militante. Il est en mauvais état. Paradoxalement, sa clarté intellectuelle et sa volonté d'action sont intactes. Seuls son corps, sa capacité à se mouvoir et même son élocution sont touchés. Quand il n'est pas à l'antenne ou en train de se pencher sur l'actualité, il est parfois submergé par le désespoir. Quelquefois, témoin de ces moments, je me sens incapable de répondre à cette douleur qui prend soit la forme d'un délire, soit celle d'un hymne à la gloire des qualités méconnues de l'héroïne. Au reste, je me sens comme devant un grand barrage fissuré qui pourrait tout submerger d'un instant à l'autre et je n'ose pas m'approcher de ses souffrances autrement qu'en étant là. A la radio, personne n'est dupe et tout le monde est gentil, mais les regards entendus sont désagréables. Il lui arrive d'être en retard ou de n'avoir rien préparé ou de recevoir des amis à lui, ayant pris le même produit, qui font des malaises en direct. Pourtant l'émission est bonne, drôle et moderne, et les coups de téléphone comptabilisés au standard montrent que l'audience est importante. Il a cadré mon rôle à l'antenne. A partir de là, et jusqu'à la fin, près de cinq ans plus tard, je serai « Jean-Mi la Science ». Je dois lire la presse, l'analyser et lui donner mon « décryptage » de l'actualité avec les références historiques ou politiques qui s'y rapportent. De cet échange, il établit une synthèse qui permet de faire émerger à la fois le sens, la compréhension et le rire. Un peu comme une palette de couleurs à partir de laquelle il ferait magiquement sortir un tableau. Pendant l'émission, selon un scénario prévu à l'avance, il me fait intervenir comme le détenteur du savoir sur lequel il pourra rebondir à loisir. Le trac, non pas d'être à la radio mais d'être à côté de lui à la radio, me pousse à être particulièrement laconique. En dehors de l'aspect revue de presse, le but de l'émission est d'obtenir la levée du brouillage et de peser sur le statut en préparation des radios privées en France.

Les liens noués avec Attali ne sont pas coupés et Coluche a dorénavant l'oreille de l'Elysée, au même titre qu'il est tenu informé d'un certain nombre de débats en cours dans les coulisses du pouvoir. Nous découvrons à cette occasion qu'un pouvoir n'est pas aussi monolithique et pyramidal qu'on pouvait le penser. Ainsi, Coluche a appris que l'Elysée et le ministre de la Communication Georges Fillioud, malgré les apparences pour ce qui concerne ce dernier, sont plutôt favorables au financement des radios par la publicité, alors que le Premier ministre Pierre Mauroy et le ministre de l'Intérieur Gaston Defferre sont partisans de radios financées par les municipalités. Chaque système a ses inconvénients. Ouvrir tout de suite et en grand les radios à la pub, c'est faire la courte échelle aux puissants groupes de communication qui seuls auront les moyens d'attirer les annonceurs et l'audience en écrasant ce qui est associatif et représentatif des différents courants de pensée. Rendre les radios dépendantes des municipalités, c'est confisquer la radio aux citoyens et en faire un instrument de combat politique dans chaque ville.

Coluche a une position claire sur la question mais on ne lui demande pas son avis. Il appelle les auditeurs à écrire et à téléphoner au ministre de l'Intérieur pour l'insulter copieusement de sa part. Je ne me souviens plus exactement des termes mais je sais qu'à l'époque on n'avait jamais entendu ça sur une radio. Il décide de faire connaître sa position par voie de presse. Il obtient de Jean-François Kahn une tribune dans *Les Nouvelles littéraires*. Nous l'écrivons un soir chez lui, sur un coin de table, après avoir repoussé les assiettes remplies des restes du dîner qu'il a préparé à ses enfants. C'est une lettre ouverte à Georges Fillioud. Le titre qu'il a trouvé est explicite – « Les Navrés parlent au Navrant » :

« *En conclusion, la liberté passe par la publicité. Retirez la publicité aux journaux, combien en restera-t-il ? Notre idée est simple... Faisons une radio où il n'y aura que cinq minutes de publicité par heure et nous serons forcément une radio plus écoutée que celles qui en passent dix-huit minutes. Adressons-nous aux minorités, aux jeunes, aux branchés de la région où nous émettons, participons à la vie de cette jeunesse, n'essayons pas d'être une entreprise dont le seul but est l'argent, et peut-être, grâce aux socialistes en qui nous mettons nos espoirs... Justement, à propos d'espoir, j'aimerais rappeler aux socialistes qui nous gouvernent qu'ils ont été élus grâce aux espoirs qu'ils ont su mettre en nous et que si jamais ils nous décevaient, nous n'aurions personne pour les remplacer. Si les jeunes d'aujourd'hui sont déçus, ils seront abstentionnistes demain, et ce pour trente ans comme la dernière fois et donc vous perdrez les prochaines élections pour trente ans aussi* [1]... »

1. *Les Nouvelles littéraires*, fin décembre 1981, p. 71.

Dans le contexte de 81, on considère presque comme des bienfaiteurs les annonceurs qui viennent sur les radios libres pour acheter de l'espace. Le droit à la publicité pour toutes les radios est une revendication populaire dans la jeunesse. Cela libère l'initiative et crée des emplois nouveaux. Patrick Meyer nous apprend un jour que les jeans Wrangler soutiennent fortement RFM. Coluche décide illico de faire une « tartine » sur cette marque pendant plusieurs émissions d'affilée. Il réclame à l'antenne des pantalons pour toute l'équipe en précisant évidemment les tailles de chacun. Sur le plan artistique, il reproduit ce qu'il a initié sur Europe 1 en 78 avec Gérard Lanvin et Jean Jean. Il est le premier à faire exploser la barrière entre la publicité et le programme. Il exige que son micro reste ouvert pendant les publicités. Il s'en moque quand elles sont risibles, les soutient quand elles sont sympathiques et manifeste son désaccord quand elles sont agressives. A quelques exceptions près, il n'y a pas de plaintes. Les annonceurs et les publicitaires ont compris qu'il pouvait être un amplificateur de leur message. Il y a ainsi un certain nombre d'entreprises qu'il « bichonne » particulièrement, soit pour l'importance de leur engagement auprès de la radio, soit pour la manière dont elles jouent le jeu de l'échange. C'est-à-dire les produits qu'elles sont prêtes à lui donner en échange de son intervention positive sur leur publicité. Sachant qu'il est un média dans le média, il utilise aux yeux de tout le monde cette forme de « corruption ». Il la détourne et en fait un principe subversif puisque c'est ce système, entre autres, qui sera mis en œuvre pour lancer les Restos du Cœur quatre ans plus tard.

A part la radio, il me fait participer à un certain nombre de rendez-vous consécutifs à la campagne. Ainsi, nous allons chez Attali un samedi après-midi. Pour ma part, c'est la première fois que je le revois depuis la présidentielle, Coluche l'a vu en juin ou juillet, car il a été invité à son mariage. Il lui a offert, m'a-t-il dit, cinq cents grammes d'herbe. Vraie provocation ou vantardise, je ne sais pas, car je n'en entendrai jamais parler autrement que par lui. Nous allons chez « le Petit Prince », comme Coluche le surnomme, pour parler de radio. Lorsque nous arrivons, à 5 heures de l'après-midi, Attali se réveille. Il nous explique que le rythme de travail imposé par sa fonction de conseiller spécial du président de la République est tellement important qu'il se rue sur la moindre heure de sommeil. Il écoute les arguments de Coluche sur les radios, promet d'en faire part aux ministres concernés. L'entretien est amical. Il nous fait toucher du doigt ce qu'il découvre lui-même, l'exercice du pouvoir. Nous l'écoutons, fascinés. Il me propose, comme s'il lui suffisait de manier sa baguette magique, une place de conseiller des programmes à TF1 ; trop ému, j'articule avec difficulté une phrase pseudo-intelligente. Il me précise que je n'aurai qu'à appeler sa secrétaire la semaine suivante pour mettre en œuvre ce qui doit l'être. En sortant, nous sommes dans une douce euphorie, celle, particulière, du sentiment d'être dans les « petits papiers » de ceux qui peuvent tout. Coluche me dit qu'il est rassuré de savoir qu'enfin j'ai trouvé un boulot. Quand il partira en Guadeloupe, quelques jours plus tard, il dira fièrement aux copains qu'il croisera là-bas : « Jean-Mi, il a trouvé un boulot à L'Elysée. » En réalité, j'appellerai la semaine suivante le secrétariat de Jacques Attali, je ne l'obtiendrai pas au téléphone et, au bout d'un mois d'essais infructueux, je laisserai tomber.

Quelque temps auparavant, Coluche me fait assister à un événement dont je mesure la portée symbolique aujourd'hui seulement. Une première comme je n'en ai jamais vu d'autres. Un soir, en sortant de RFM, il me dit que l'on doit se dépêcher car il est invité à l'Olympia. « T'as qu'à venir », me dit-il. En arrivant, je me rends compte que c'est l'événement parisien de l'année : octobre 81, le grand retour d'Yves Montand à l'Olympia. Je n'ai jamais vu de ma vie autant de gens connus réunis en un seul endroit. Le monde politique de gauche au grand complet et les artistes les plus prestigieux. Dès que nous arrivons, les visages se tournent vers Coluche, les uns et les autres s'empressent, on lui a réservé la place d'honneur à côté de Simone Signoret et l'on va chercher, sans parler des stars américaines présentes, Pierre Mendès France pour le lui présenter. Coluche est souriant, presque timide, légèrement absent mais conscient de cette reconnaissance. Moi, figurant inutile de cette scène, abasourdi de serrer la main à Mendès, je me dis, sans m'attarder sur le sens des choses, que mon camarade est en train d'entrer dans l'Histoire.

Les vacances faute de mieux

A partir de l'automne 81, nous nous voyons épisodiquement. C'est à cette période que son divorce est prononcé. Il ne se plaint pas, il devient d'une souplesse de caractère qui ne lui ressemble pas et donne souvent l'impression d'être « aux abonnés absents ». Les seuls moments où il retrouve son ampleur et sa précision naturelles c'est quand il a ses enfants, Romain et Marius. Il s'occupe d'eux avec attention – de leurs repas, de leurs loisirs, de leurs problèmes – et les amène partout avec lui, y compris dans ses rendez-vous professionnels. Il a tous les signes extérieurs du papa nouvellement célibataire. Protection, écoute, autorité quand c'est nécessaire et fierté du chef de tribu. Une nouvelle femme est entrée dans sa vie, Frédérique Romano. Malgré le naufrage qu'il a subi, il semble vivre une histoire passionnée avec la grande Fred. Leur relation, qui durera trois ou quatre ans, ressemble à une alternance de fusions et de déchirures vécues par deux êtres blessés, capables d'aller très loin dans la démesure.

Il s'est momentanément éloigné de Paul au plan professionnel. Pour le reste, ils continuent à s'appeler, notamment dans les moments où la douleur le submerge. Le cinéma devient son activité principale. Son producteur est désormais Claude Berri, avec qui il a signé un contrat pour quatre films au minimum. Mon remplaçant, Christian Spillmaeker, sera son secrétaire homme d'affaires pour toute la durée du cinéma. Coluche va souvent aux Antilles, il part en voyage pour les films ou des repérages, je ne suis pas de ses aventures.

La campagne nous a néanmoins soudés d'une manière définitive. Chaque fois qu'on le peut, on se voit ou on se téléphone. Il a tourné *Le Maître d'école, Deux Heures moins le quart avant Jésus-Christ* et *Banzaï* à l'automne 82. A cette époque, je suis au chômage, rien de ce que j'entreprends ne réussit. J'ai voulu couper la dépendance financière et professionnelle qui m'unissait à lui en ne gardant que la relation d'amitié, mais je me rends compte que je ne peux travailler avec personne d'autre. Je n'arrive pas à me soumettre à l'autorité de quelqu'un que je n'admire pas et je n'ai pas assez de maturité pour tenir un rôle de « chef » qui soit crédible.

Lorsque, un matin de novembre 82, Coluche m'appelle de Hong-Kong alors qu'on ne s'est pas vus depuis près de trois mois, c'est le père Noël. Comme d'habitude il va droit au but sans me demander mon avis : « Tu prends l'avion demain matin pour la Guadeloupe, tu passes au bureau de Claude Berri récupérer ton billet et cinq briques en liquide. Tu vas dégager mon bateau qui a été bloqué faute de papiers en règle, tu vas payer les réparations du moteur, tu vas t'occuper de l'avancée des travaux de la terrasse de la maison et vérifier que personne n'a touché à ma plantation d'« herbe », tu m'enverras un télex pour me tenir au courant. Je te préviens : aux Antilles les choses se font lentement et je te demande de ne pas t'énerver si tu ne peux pas faire plus d'une chose par jour. Prends ton temps et profite. Salut. »

L'ami est là mais Coluche est sur une autre planète. Quand on se voit, il nous arrive d'échanger sur des sujets politiques, mais on ne va jamais très loin. Il a pour un temps coupé les liens avec la société et ses problèmes. De toute manière, il est difficile de se positionner dans cette nouvelle donne politique pour celui qui a été le principal comique d'opposition sous le régime précédent. La société française est en pleine mutation : les lois Auroux, la retraite à soixante ans, la libération de l'audiovisuel, le recul de la politique sécuritaire, etc. Les points de repère ne sont plus les mêmes, de nouvelles incohérences apparaissent, des libertés nouvelles s'installent et certaines anciennes injustices perdurent. Dans ce contexte changeant et difficilement palpable, les leviers qu'il utilisait pour faire rire lui échappent. Il faut que les choses se figent à nouveau pour qu'il trouve sa nouvelle place, d'autant qu'il est trop mal sur le plan personnel. Il fait du cinéma parce que le cinéma lui demande une demi-heure de concentration par jour, il s'en vante. La plupart du temps, il ne lit pas les scénarios et charge Ludovic Paris, *alias* « Ludo », et Didier Lavergne de le faire pour lui. Ludo et Didier l'accompagneront partout à partir de cette période et jusqu'à la fin de sa vie. Ludo, Lulu comme il le nomme affectueusement, est son coiffeur de plateau, Didier son maquilleur. Ils sont ses amis et sont chargés, principalement Ludo, d'organiser son planning de sorte « qu'on se fasse le moins chier possible ». Les critères qu'il donne à Ludo pour l'acceptation d'un scénario sont d'abord les lieux de tournage et la qualité des vacances qu'ils pourront s'offrir pendant la réalisation du film. Christian Spillmaeker s'occupe de l'aspect économique de ces choix et apporte lui aussi sa contribution artistique en découvrant, par exemple, le roman d'Alain Page *Tchao Pantin* et en le faisant lire à Claude Berri.

De temps en temps, il exprime des opinions, mais c'est épisodique et à portée réduite. En 82, avant le tournant de la rigueur, le gouvernement instaure une mesure radicale de contrôle des changes qui interdit de sortir de France avec plus de 2 000 francs. Coluche est invité dans une émission de Guy Lux à 20 h 30. Il arrive sur le plateau avec une vache et déclare : « Puisqu'on n'a pas le droit d'emmener plus de 2 000 francs à l'étranger, eh bien maintenant quand je pars en voyage, j'emmène ma vache, comme ça, j'ai au moins du lait... » Cela pointe le ridicule de cette mesure qui ne touche en réalité que les classes moyennes puisque les gens fortunés ont d'autres moyens pour transférer des fonds. Il envoie par là un signe au pouvoir avec lequel, par ailleurs, il entretient des relations de plus en plus amicales.

Le « coup de la vache », je le verrai à la télévision comme des millions de gens, je n'en serai pas informé avant et cela me mettra mal à l'aise. A l'époque, nous avons des approches différentes parce que nous vivons dans des milieux différents. Moi, j'ai devant les yeux mes problèmes de chômeur de longue durée non indemnisé et lui vit à fond le luxe, les plaisirs et la défonce. Cette différence de style de vie et de niveau est pesante pour moi, néanmoins nous ne nous perdons pas de vue. Quand il est à Paris, il m'appelle et me demande de venir dîner.

La plupart du temps, je ne me sens pas « raccord » avec ses préoccupations, pourtant je vois qu'il fait un effort chaque fois qu'il me reçoit. Il s'éloigne momentanément de ses sujets habituels qui tournent autour de la cuisine interne du cinéma, de l'approvisionnement en « dope » ou de sa qualité et des potins du show-business, et m'entreprend sur les sujets sociaux, politiques ou culturels du moment. Plusieurs fois pendant cette période, après avoir refait le monde avec lui une partie de la nuit et m'être échappé pour une soirée de ma grisaille quotidienne, je trouve en rentrant chez moi, planqué au fond de la poche de mon blouson, une liasse de vingt billets de 500 francs. Comme lui à cette époque, je suis perdu et, malgré ces cadeaux qui m'aident à vivre, je ressens un espoir déçu à chaque fois que je lui rends visite. Je l'attends ou plutôt j'attends qu'il ait fini ses « vacances ». Il le sait mais nous n'en parlons pas.

Il reste en contact avec Attali et ce dernier réussit à organiser la rencontre tant attendue entre Coluche et

Mitterrand. Elle se fera au cours d'un dîner chez le conseiller spécial du président de la République. Je ne sais pas à quelle date, je n'y étais pas. Ce que je sais, c'est la manière dont Coluche est séduit.

Il me convie à dîner le lendemain, me résume l'entrevue en insistant particulièrement sur la manière dont le président a réagi lorsque Fred, sa fiancée, a roulé un joint devant lui. Il me raconte comment la « grande Fred » a agressé Mitterrand quand il lui a demandé ce qu'elle faisait. « Je roule un joint, lui dit-elle, vous ne pouvez pas comprendre vous n'y connaissez rien aux jeunes. » Coluche me raconte l'incident avec l'air gêné et admiratif de celui qui décrit l'incartade de quelqu'un d'encore plus gonflé que lui. Il a été « snobé » par la réaction calme et enjouée de Mitterrand qui lui a parlé d'amis de jeunesse qui étaient des adeptes du kif, et surtout par le fait que le président ne s'est pas comporté en père Fouettard, mais en a profité pour digresser sur le rapport entre l'exercice du pouvoir et l'évolution des mœurs dans une société.

A la fin de la soirée, après avoir longuement parlé de cet événement à tous les convives présents, il me demande timidement, comme s'il en doutait, s'il ne serait pas bon d'écrire une lettre au président. Je lui réponds que je n'en vois pas l'intérêt puisqu'il n'est pas tenu de le remercier de quoi que ce soit. Il est deux heures du matin, il va chercher du papier à lettres et commence à écrire. Je me rends compte qu'il a été impressionné par cette soirée et que, pour une raison qu'il n'assume pas totalement, il veut faire une déclaration d'affection à Mitterrand. Il n'a pas besoin d'aide mais il a besoin d'être accompagné. Il sait parfaitement ce qu'il a à dire, le dit comme d'habitude avec puissance et originalité, mais ma présence et mes contestations de forme sur les mots qu'il choisit semblent le rassurer. Je retrouve un aspect de sa personnalité auquel je n'avais pas beaucoup prêté attention, parce que je le considérais comme la pratique d'un jeu mondain : ses tactiques de séduction devant quelqu'un qu'il admire. Je l'avais vu comme cela pendant la campagne, lorsqu'il avait reçu à dîner Michèle Morgan : les monceaux de fleurs offerts avant et après la réception, et une attitude extrêmement déférente. J'avais mis cela sur le compte d'une conception, inconnue de moi, de la galanterie. Mais là, le même comportement pour un homme, fût-il président de la République, m'oblige à entrevoir qu'il s'agit de quelque chose de plus profond. D'autant que l'absorption régulière d'héroïne ne conduit pas à l'usage de stratégies mondaines élaborées. Devant les personnes qu'il met à son panthéon personnel, Coluche n'hésite pas à se prosterner et à tout faire pour être reconnu. Dans certaines républiques à caractère autoritaire, on désigne parfois le président comme le père de la nation. Coluche ne se prend pas pour une nation, mais il y a des moments où l'on a besoin de se refaire une famille.

Vers 4 heures du matin, après avoir pesé tous les mots de cette tendre missive, il me demande d'aller la porter immédiatement à son destinataire. Je débarquerai rue de Bièvre vers 5 heures devant les policiers de garde : « J'ai une lettre de Coluche pour le président, voulez-vous la lui remettre, s'il vous plaît ? » Les agents de la force publique, ne partageant pas mon enthousiasme et mon empressement, me demanderont de partir et d'aller tenter ma chance à l'Elysée. A 6 heures, le gendarme de garde du palais présidentiel acceptera mon courrier avec un sourire incrédule en l'ajoutant aux centaines d'autres qui arrivent tous les jours au service du tri de la présidence. Nous apprendrons quelques mois plus tard par Attali que François Mitterrand a bien reçu la lettre de Coluche. Elle sera qualifiée de gentille et touchante.

Changer de peau

C'est en 83, me semble-t-il, que Coluche prend la décision – j'ai presque envie de dire – de revivre. Cette remontée ne se fera pas sans rechutes et il mettra deux ans pour émerger différent et renforcé.

A l'occasion du tournage de *La Femme de mon pote* de Bertrand Blier à Courchevel, au début de l'année il rencontre l'ancien président de la République. Valéry Giscard d'Estaing, en vacances à la station, lui a envoyé son officier de sécurité pour lui proposer un rendez-vous. Quelque temps après cet entretien, fièrement, il m'en fait part. Le recevant chaleureusement, l'ancien président de la République lui a demandé, me raconte-t-il, pourquoi il lui avait fait cela – il s'agit bien sûr de la campagne présidentielle – et s'il avait une raison personnelle de lui en vouloir. Il me dit avoir été séduit par l'homme. Je le sens troublé par cette rencontre.

Depuis peu, il a retrouvé sa maison de la rue Gazan. Je ne sais dans quelles conditions ce transfert s'est opéré, mais je vois que cette réintégration contribue, elle aussi, à son retour à la vie. Il a tellement investi de goût et d'énergie dans cette maison, dont il n'est pas propriétaire, qu'elle lui ressemble. Il retrouve une partie de lui-même en retrouvant ses murs. Son ex-femme, Véronique, a quitté les lieux et s'est acheté une grande maison de l'autre côté du parc Montsouris.

Ainsi, leurs enfants n'ont qu'à traverser le jardin pour être, au choix, chez leur père ou chez leur mère. Il retrouve ses habitudes. Il peut s'occuper de ses enfants dans leur cadre de vie et nourrir à nouveau la dizaine de chats qui arrivent aux heures des repas, à la fenêtre de la cuisine, en passant sur le toit de la salle de jeu en contrebas.

En février 83, je suis embauché par une boîte de publicité comme stagiaire. Coluche rentre à Paris à Pâques, nous nous voyons souvent. Les fréquentes visites que je lui fais m'aident à supporter un statut pénible de « chargé des photocopies » qui ne correspond ni à mon âge ni à mes compétences. En avril, RFM l'appelle à nouveau et lui demande d'animer l'antenne pour une session d'un mois. Paul et lui se sont revus, le groupe de la présidentielle se reforme pour un moment. Il m'appelle à mon « bureau » pour m'informer que je reprendrai du « Jean-Mi la Science » à partir du mois de mai sur RFM. Son coup de téléphone suffit à remonter mon image dans l'entreprise, je deviens tout à coup le seul stagiaire de la boîte invité à déjeuner par le P-DG au moins une fois par semaine. Il n'est pas sorti de l'héroïne, mais il affirme sa volonté d'action. Nous allons à la radio à moto, il est énergique, il s'intéresse à nouveau à la politique. La situation des radios est désormais normalisée, il me charge de la revue de presse et il fait une émission « normale », c'est-à-dire comique et politique, mais pas militante.

Nous ne sommes plus dans la situation quasi « radio Londres » de 81. Cette émission préfigure dans sa forme et dans son ton celle que nous ferons deux ans plus tard sur Europe 1. Il m'affirme que cette fois nous sommes payés et qu'il existe un arrangement entre Paul et la radio. Je suis étonné d'être payé en liquide, sans fiche de paye et directement par lui. Je découvrirai plus tard qu'il a inventé ce scénario pour que j'accepte de l'argent qui vient de sa poche. Toujours cette délicatesse extrême qui ne met jamais les gens en situation de lui dire merci. RFM est à l'époque très écoutée, surtout dans l'ouest et la région parisienne, et ce *18-19* de Coluche obtient un réel succès d'audience.

Michel Polac fait l'émission de débats la plus écoutée de France, *Droit de réponse*, et décide d'inviter Coluche à celle du 18 juin, le choix de la date n'est pas un hasard. Paul obtient, après de nombreuses négociations avec Polac et Catherine Siné, sa rédactrice en chef, de modifier le thème de l'émission et d'en faire une spéciale Coluche dont le titre devient : « Peut-on se débarrasser de Coluche ? » Cette décision vient du fait que Coluche manifeste à nouveau la soif de travail dont il était coutumier dans le passé, que ses « vacances » cinématographiques commencent à l'ennuyer et qu'il a à nouveau besoin de contenu. Le choix de *Tchao Pantin*, premier contre-emploi de sa carrière et dont le tournage commence début juin, procède également de ce constat.

Il a dû avoir avec Paul une conversation sur ses projets et la vision de sa carrière. Les multiples rencontres qu'il fait lui montrent que la campagne a laissé des traces finalement positives, et il croit avoir la force de se faire entendre à nouveau, en tant que Coluche et non pas en tant que tel ou tel personnage que le cinéma lui prête. Cette volonté n'est pas de l'angélisme, elle est la marque de son ambition. Ambition dans laquelle se trouvent autant son côté « petit commerçant » qui veut vendre ses disques, ses films ou lui-même, que son désir de faire évoluer la société française dans le sens de la liberté des mœurs et d'un partage plus égalitaire des richesses.

A l'époque, on ressent un vide, on vit la charnière entre les années sociales et les années gestion. La gauche est au pouvoir, mais les mécontentements s'accumulent et les élections municipales remettent la droite aux affaires dans de nombreuses villes. Ceux que l'on appelle « les déçus du socialisme » se multiplient, l'ambiance est aux investissements, à la Bourse, à l'argent, et des étudiants manifestent pour plus de sélection et de garanties pour leurs diplômes. Bref, on est loin de 81 et de ses espoirs d'égalité et de fraternité.

Devant cette situation inédite pour notre génération, Jean-François Bizot, patron du magazine *Actuel*, tente de lancer un mouvement pour remettre la générosité à la mode : « Zorro », celui qui prend aux riches pour donner aux pauvres et qui n'accepte pas la fatalité de la loi du plus fort.

Il vient dîner un soir rue Gazan et « vend » l'idée à Coluche en lui demandant de l'incarner. Ce dernier « achète » tout de suite, d'autant que cela correspond bien à la place qu'il veut occuper dans la société. Bizot a bien vu qu'il avait besoin de Coluche pour que son concept, « les jours meilleurs », sorte des circuits intellectuels et branchés. De son côté, Coluche a besoin d'un symbole fort pour que son retour soit fracassant.

Le jour de l'émission *Droit de réponse*, Coluche arrive déguisé en Zorro, mais cela ne prend pas. Il ne se rend pas compte que, dans l'esprit du public, il est plus fort que Zorro et que sa personnalité écrase son déguisement. Le problème, c'est que sa volonté de revenir et son image sont plus grandes que ses capacités du moment et qu'il n'a pas grand-chose à dire. Or, il faut quand même tenir, il faut quand même faire rire, il faut trouver des idées, toute l'émission est centrée autour de lui. On essaie d'écrire dans l'après-midi qui précède l'émission une lettre qui caricature un énarque, elle n'est pas drôle... Alors on décide de faire un coup classique : au milieu de l'émission il s'en ira. Il ajoute une idée : mettre en scène un faux suicide.

Avec le recul, je suis troublé par la coïncidence des dates : à un jour près, il mourra exactement trois ans plus tard. Pourquoi cette idée de suicide ? Il ne l'explique pas, mais quelques jours plus tard il doit tourner la scène de sa mort dans *Tchao Pantin* et je sais que ce moment l'angoisse. En tout cas, il prépare soigneusement une veste truquée et un pistolet d'alarme avec l'accessoiriste du film.

A l'heure dite, nous arrivons sur le plateau avec la « grande Fred » et des copines à elle habillées en bas résilles, jupes transparentes, décolletés plongeants et froufrous. Romain et Marius sont là, déguisés comme leur père en Zorro. Nous les garçons, portons tous des lunettes noires et une allure de pseudo-agents secrets. Les autres invités sont des anciens combattants, des religieux, des gens de droite ou d'extrême droite, quelques-uns de gauche et les habituels de l'émission.

Sentant les intentions du comité d'accueil, Coluche arrive agressif et n'arrive pas à faire rire. Il commence par jeter un paquet de médailles militaires à la figure d'un représentant des anciens combattants et lui dit : « A la mémoire de tous mes camarades comiques qui sont morts en se faisant chier à essayer de vous faire rire. » Il donne le ton et ne cache pas son amertume.

On l'attaque de tous côtés, cela ressemble à la curée ou à un règlement de comptes. C'est la rencontre objective de ceux qui l'ont toujours détesté et de ceux qui se sont sentis trahis par son abandon à la présidentielle et par son silence depuis deux ans. Plus on l'attaque, plus il laisse paraître ses failles et ses douleurs. Quand Jean-Yves Lafesse lui dit : « T'es plus drôle », il lui répond : « Ben oui, t'as raison, je ne suis plus drôle ! Je sais. D'ailleurs j'aimerais bien qu'il y ait un mec qui arrive et qui fasse plus rire que moi ! »

Et plus ils l'attaquent, plus transparaît, dans ce qu'ils déchargent, malgré la violence, du dépit. Ces gens qui représentent une grande diversité de couches sociales du pays et qui sont venus pour le « flinguer » finissent par lui manifester à leur insu plus d'amour que de rancœur. Ce n'est pas drôle, c'est émouvant et presque triste, c'est le moment qu'il choisit pour donner le signal du départ.

Il commet son faux suicide. Le claquement de la détonation glace tout le monde. Puis, profitant de la désertion du représentant de l'évêché choqué par tant de gros mots, il lance à la cantonade : « Salut, je m'en vais, je vais enculer le curé ! » La douzaine de déguisés que nous sommes quitte le plateau et ça fait un vide.

Une fois sortis du « champ », nous regardons les moniteurs en salle de maquillage. A l'instar de ce qui se produira trois ans plus tard, cette France symbolique réunie sur le plateau se rassemble autour de sa dépouille virtuelle. Certains expriment des remords sur les propos tenus, les autres se taisent, le malaise s'installe, Coluche manque.

Quand nous arrivons chez lui, on s'embrasse, Paul, lui et moi, tous les trois. On s'embrasse parce que nous sommes touchés. Nous savons pourtant que c'était du « show », mais nous sentons qu'il s'est passé quelque chose d'inexprimable sur le coup : une page a été tournée. Comme à son habitude, il a invité sa bande de copains pour faire la fête après l'émission, il met un petit temps avant d'entrer dans l'ambiance et a besoin d'une période de tranquillité avec nous avant d'afficher son rôle de maître de cérémonie du « Club de la rue Gazan ».

Chacun interprète l'événement à sa manière. Remonté par l'issue de ce que j'ai ressenti comme une épreuve, je ne peux m'empêcher de lui dire : « Putain, on a gagné ! Cette émission, elle t'a remis tout en haut. » Encore fragile et dubitatif, il me répond : « Mais comment tu peux dire ça ? – Tout en haut, parce qu'il y a une sorte de déclaration d'amour nationale qui vient de se faire et qu'il y avait besoin de solder les comptes. » Il ne me dit rien mais me regarde fixement d'une manière que je ressens comme un accord. Il paraît rassuré. Paul ne dit rien non plus mais je vois, à son regard triste et un peu gêné, qu'il n'est pas du tout d'accord. Pour lui, c'est une catastrophe et Coluche est encore dans l'autodestruction. Il me confiera ce sentiment plus tard, entre quatre yeux.

Cette émission a fait couler beaucoup d'encre. Jacques Martin écrit un grand article où il s'insurge contre ce qui s'est passé : « Comment avez-vous pu attaquer Coluche ? » « Pourquoi avez-vous attaqué un artiste ? C'est la profession entière que vous touchez, vous n'imaginez pas la difficulté de faire rire et d'être clown… »

A part sa lettre de retrait à la présidentielle de 81, dans des circonstances différentes, c'est la première fois que Coluche fait éclater sa carapace de « Je vous ai bien eus, je vous l'ai foutu au cul ! » pour dire au grand jour : « Oui, je suis fragile, je suis blessé, je suis touché. J'ai fait ce que j'ai pu, je ne suis pas un surhomme. » A partir de cet aveu, il quitte son image de comique plus ambigu et plus engagé que les autres. Se montrer tel qu'il est, avec ses forces et ses faiblesses, devient sa règle et il ne s'en départira plus.

La moto et la parole

Dans la même période, il me dit clairement sa volonté de faire de la politique ou plutôt de recommencer à « ouvrir sa gueule ». Même s'il n'a pas retrouvé ses forces, la stratégie est là. Il souhaite se faire comprendre et, pourquoi pas, aimer par tous ceux qui l'ont toujours détesté. A l'occasion d'une de nos nombreuses discussions, je lui apprends un jour que la police n'est pas aussi monolithique qu'il pourrait le croire et qu'il existe en son sein un syndicat, majoritaire qui plus est, fortement marqué à gauche. Avec lui les échanges verbaux ne sont jamais stériles et, dès lors qu'il entend une information qu'il n'a pas, il regarde immédiatement s'il est possible de lui donner une application pratique. « Contacte-les, regarde s'ils sont sympas et dis-leur que j'aimerais les rencontrer. Je leur ferais bien une conférence pour leur donner ma conception du rôle de la police. » Nous convenons que si nous arrivons à monter le coup, cela fera beaucoup de bruit et que ça sera bon pour lui. « Est-ce que c'est bon pour moi ? » est une question qu'il pose souvent dans nos conversations. Ce n'est pas la manifestation de son égocentrisme, c'est l'expression tacite du fait que nous travaillons collectivement au développement d'un symbole, d'un nom – Coluche – qui doit devenir de plus en plus grand. C'est une continuation de la campagne par d'autres moyens. Au lieu de mettre le doigt sur les contradictions du système et donc de diviser, il s'agit d'aller voir des forces qui, *a priori*, sont opposées et de montrer qu'elles ont un intérêt commun avec lui. C'est pour cela que, par l'intermédiaire de mon « agent », Louis-Auguste, nous revoyons Gérard Soulier, le prof de droit de la bande des intellectuels, et qu'il offre à Coluche pour un après-midi sa chaire de droit constitutionnel à la faculté d'Amiens.

Pendant deux heures, il « fait cours » aux étudiants d'Amiens et leur distille sa conception de la justice. Le cours se termine par une chanson accompagnée de son petit ukulélé. Ce galop d'essai fait un tabac et le prépare en vue de la rencontre que nous espérons avec la police. Dans le même temps, il donne à Soulier une interview pour le magazine destiné aux prisonniers dont il s'occupe :

« *Il y a une revendication chez les jeunes, et ça je l'ai vachement senti quand je faisais des galas en province où j'ai parlé avec eux* [...]. *Ils ne savent pas à qui s'adresser et ils se font chier. Il n'y a pas de débouchés et on ne peut pas créer. On ne peut pas poser la tête sur un projet qui risque d'aboutir. Donc, la seule solution, c'est de vivre aux dépens de la société. Le voleur devient un héros. Nos idoles de tous les temps, ce sont ceux qui sont contre l'autorité établie. Robin des bois, Mandrin, Zorro, ils attaquent les riches pour donner aux pauvres. Je suis pour que la société protège les jeunes et les vieux, mais protéger ça veut pas dire seulement la justice. C'est aussi leur donner une chance de faire quelque chose de plus intéressant que le cambriolage. Parce que pour un jeune qui n'a pas de ronds, devenir voleur, c'est une des rares aventures de la vie.*

– Finalement, comment tu verrais l'ensemble de ces problèmes de justice ?

– Il faudrait d'abord réduire les peines pour la délinquance juvénile, dépénaliser plein de trucs. Je sors pas de là : il faut que le pognon intervienne ; t'as cassé ça, tu dois

ça. Et c'est tout. Peut-être une amende en plus pour le dérangement de la police.

Quant à la prison, je pense qu'il faut conserver l'idée de répression, mais qu'il faudrait supprimer l'esprit de Goulag. Moi je serais pour que le mec au départ il soit bien conscient de ses droits. C'est-à-dire qu'au départ il les ait, tous ses droits : ouvrir sa cellule, aller parler avec d'autres, se réunir dans un foyer, choisir le travail qu'il veut faire, choisir de passer la nuit à regarder la télé si ça le branche avec des cassettes, recevoir des gens, toutes les libertés. Mais à partir du moment où tu as enfreint un règlement qui touche à une de ces libertés, on te la supprime. Tu restes avec les autres, mais t'as plus celle-là. Je pense qu'il faut conserver l'idée de répression, mais il faut ôter l'esprit de Goulag, c'est-à-dire qu'on va faire de toi un mouton, un mec gentil, tu vois, on va te casser la tête. Alors ça je crois que c'est une très mauvaise idée [1]. »

Louis-Auguste m'obtient un rendez-vous avec le secrétaire général de la FASP [2] (60 % des voix aux élections professionnelles). Bernard Deleplace, après s'être assuré qu'il ne s'agit pas d'un piège, manifeste un intérêt à nos pourparlers. Evidemment, la rencontre est chargée de méfiance, Edwy Plennel, à l'époque spécialiste de la police au *Monde*, est par hasard présent au début du rendez-vous. Ce déjeuner au petit restaurant, tout près du siège de leur syndicat, finit par faire apparaître, comme on dit en termes diplomatiques, des convergences entre leur besoin de faire passer à l'opinion leur conception de la police républicaine, au service des citoyens et non pas de la classe dominante, et celle de Coluche qui souhaite un désarmement à l'anglaise et une police de proximité d'abord à l'écoute de la détresse. Si les choses se passent bien, j'ai mandat

1. Revue *Passerelles*, 19 mars 1984.
2. FASP : Fédération autonome des syndicats de police, fondée en 1969 par Gérard Monate puis dirigée de 1981 à 1990 par Bernard Deleplace et, qui a déposé son bilan en 1997.

pour inviter Deleplace à dîner chez Coluche. Ce qui est fait.

Quelques jours après, le patron du syndicat de la police vient avec son adjoint. Le hasard du calendrier fait que nous trouvons à la même table le réalisateur italien Dino Risi qui vient expliquer à Coluche ce qu'il attend de lui dans le futur tournage du *Roi Dagobert*. Ce contretemps dû à deux agendas parallèles et à Coluche qui ne gère pas encore bien ses tactiques de séduction fera sans doute capoter nos projets. Lorsque, deux jours avant, je constate cet « embouteillage » pour le dîner et que je l'en informe, il me dit : « Ce n'est pas grave, on fera les deux à la fois. » Le jour J, il demande à Fred, sa fiancée, de s'habiller très légèrement et d'amener deux ou trois copines à elle dans la même tenue. Nous dînons en bas dans la salle de jeux et de musique, sur la table de billard recouverte. A un bout de la table, il y a Christian Spillmaeker, son secrétaire cinéma, les filles et lui aux côtés de Risi qu'il doit « bichonner ». De l'autre, Gérard Soulier, Louis-Auguste et moi avec les policiers. Il compte que la tenue des copines intéressera suffisamment les représentants des forces de l'ordre pour leur donner envie de rester malgré son éloignement. Cela marchera à moitié, un des policiers me demandera bien dans le creux de l'oreille s'il y a moyen d'avoir une discussion particulière avec les jeunes filles et je serai obligé de lui préciser que leur accoutrement ne relève que de leur conception de la mode. Deleplace m'avouera avoir un penchant pour les idées trotskistes, nous boirons pas mal et Coluche réussira à lui faire tirer quelques bouffées sur le « pétard » au grand dam de son adjoint. Nous exprimerons des visions communes sur la police gardienne de la République démocratique, laïque et sociale, mais la conversation sérieuse qu'il aurait fallu avoir seul à seul avec eux pour être invités à leur congrès n'aura pas lieu. Coluche n'a pas convaincu, il n'a pas encore retrouvé toute sa force de conviction. Mais est-ce possible ? Les adhérents de ce syndicat catégoriel partagent-ils les idées de leur dirigeant national sur d'autres sujets que les primes et les repos compensateurs ? Et sont-ils prêts à entendre celui qui depuis toujours leur a manifesté sa méfiance et son animosité ?

Tenter de reprendre la parole dans le champ politique va de pair avec le besoin de se réparer physiquement. La moto sera le principal pilier de la thérapie. En juillet, pendant le tournage de *Tchao Pantin*, il me fait louer un avion pour un après-midi. Le temps de faire l'aller-retour aux Sables-d'Olonnes entre deux prises, pour commander chez Martin, le meilleur faiseur de cadres de moto à l'époque, une 1100 préparée course. A cette occasion, nous faisons connaissance avec Pierre Boudon, fils d'Alphonse Boudard, qui possède un magasin de motos à Fresnes. Il devient le préparateur « officiel » des huit motos de Coluche, et entre dans la bande. Mon ami Frédéric Blanc, qui travaille au magazine *Nitro*, lui fait faire régulièrement des essais de dragsters. Il lie connaissance avec le meilleur Français en Grand Prix, Raymond Roche, pour essayer sur le circuit du Castellet sa 500 usine. Il fait la connaissance du pilote journaliste Eric Courly, avec qui il établira, en 85, le record du monde de vitesse. Avec son journal *Moto 1*, nous mettons en place une collaboration qui durera jusqu'au bout et qui fera de Coluche l'essayeur vedette de cette publication. Les sports mécaniques l'ont toujours passionné, mais là, il va leur donner valeur de rédemption. Risquer sa vie devient un outil indispensable pour éradiquer son besoin d'héroïne. Parce que, au-delà du risque, le pilotage nécessite de la précision, des réflexes, de la concentration et, pour la moto, une bonne maîtrise de son corps. Coluche, malgré son poids, est souple et doué pour le pilotage.

Au mois de décembre 83, il doit s'installer à Rome pour trois mois en vue du tournage du *Roi Dagobert*. Il lui faut ses motos sur place. Il me propose de l'accompagner. Dans l'entourage proche, à ce moment-là, nous ne sommes que deux à partager cette passion et surtout à posséder le permis. Des amis lui conseillent de mettre les motos au train. Bravache, il répond : « Si c'était en train que je voulais rouler, j'en aurais acheté un, mais comme c'est en moto, je vais y aller avec. »

Nous partons en grande caravane. Ludo, Didier Lavergne et Fred, avec la Buick et la Jaguar, en voitures balais, nous deux à moto. Lui sur la 1000 Harley, moi sur la 750 Honda. Très vite, nous perdons l'escorte pour ne la retrouver que le soir. Il fait moins six degrés et, malgré les combinaisons sur mesure en buffle rouge et blanc que nous portons, nous sommes transis. Au bout de 250 kilomètres, après deux pleins d'essence – sa Harley n'a que 100 kilomètres d'autonomie –, il s'arrête sur le bord de l'autoroute, retire son casque et me lance d'un air renfrogné : « Tu rentres à Paris, je continue tout seul. » J'ai froid mais je n'aime pas ce qu'il dit : « Si tu veux continuer tout seul, fais-le, mais moi aussi ! Je n'ai pas envie de rentrer à Paris, on est partis, on va au bout ensemble. » Il ne dit rien, remet son casque, nous repartons.

Cet échange musclé marque une charnière dans notre relation. Moi qui l'ai connu à l'adolescence, je lui marque pour la première fois, poussé par les conditions extrêmes de ce voyage, ma volonté d'instaurer une égalité entre nous. Je ne veux plus être ni le petit que l'on doit protéger, ni l'employé. Je suis là, volontairement, pour partager sa route dans tous les sens du terme.

Ce périple est un des plus beaux souvenirs d'amitié que j'ai partagés avec lui. Peu de mots, des grands crèmes chauds dans les stations-services, l'obligation de s'habiller et de se déshabiller l'un l'autre tant notre équipement est difficile à mettre et à défaire, son regard de défi quand, après un plein d'essence, sans être descendu de la moto, il repart à fond sans faire la pause café, la course poursuite à 180 kilomètres à l'heure pour le prévenir qu'il a oublié de replier la béquille, mon soulagement quand il me dit à l'arrêt suivant : « Œufs aux jambons » pour indiquer qu'on a la droit de se réchauffer un peu. La tête des voituriers, qui ne le reconnaissent pas quand nous arrivons casqués, harnachés et sales au Carlton à Cannes, et les deux heures que chacun doit passer dans un bain dont nous sortons écarlates pour reprendre une température normale. Le lendemain, la rencontre, seuls – nous avons à nouveau perdu nos amis –, avec l'Italie où il est inconnu, le langage des mains pour compenser nos manques linguistiques, nos errements dans Rome avant d'arriver au but et, pour finir, le sentiment partagé d'avoir réussi une petite épreuve dont tout le monde nous déniait la capacité.

Le copain du patron

Début 84, Coluche revient à Paris et s'en va très vite au Mexique tourner les extérieurs de *La Vengeance du serpent à plume*. Nous avons eu quelques mots à Rome à cause d'une histoire d'embrayage de sa Harley. Je me vexe, remonte ses motos dans un camion et lui rend les clefs de la rue Gazan. Je boude, silence radio pendant deux ou trois mois. Cela couvait depuis un certain temps. A Rome, au cours des différents allers et retours que j'y ai faits, je n'ai pas retrouvé le sentiment de fusion amicale qui a marqué notre descente « héroïque ». Il vit des relations difficiles avec la « grande Fred » et replonge fortement dans les drogues dures. Cette magnifique villa de la via Laurentina, louée par la production, respire l'angoisse, la solitude et la dépendance au produit qu'on ne nomme jamais. Les fêtes fréquentes et luxueuses, que Ludo organise pour améliorer l'ambiance, soulignent encore plus la profondeur de l'isolement de chacun. Un soir nous dînons en comité restreint avec Michel Serrault et Claude Berri, l'ambiance est si pesante qu'au milieu du silence Berri jette : « Quand je vais raconter à Paris que j'ai dîné avec Coluche et Serrault, les gens vont me dire : " Qu'est-ce que t'as dû te marrer ! " » Sourires gênés autour de la table. Lorsque en février je viens passer une semaine pour des problèmes d'intendance, cette situation me pèse tant qu'il me vient un hoquet psychosomatique de quatre jours, que seul mon départ prématuré pourra arrêter. Coluche, malgré son état, le ressent et, incapable de communiquer autrement, m'apporte un matin le petit déjeuner au lit pour marquer son affection. Il est dans le trou, je ne suis pas le mieux placé pour l'aider, cette rupture momentanée est salutaire.

A Pâques, message sur mon répondeur : « Jean-Mi, c'est Michel, ça fait longtemps que tu n'es pas venu dîner à la maison. Tu viens quand ? » Je n'attendais que cet appel, le soir même je débarque chez lui.

Coluche semble en forme et à nouveau prêt à se jeter dans une aventure pour faire bouger les choses. Il voit Attali, a revu le président et souhaite à présent s'occuper de télévision. En ce début 84, le retard de ce média sur l'évolution du reste de la société est flagrant. Il y a mille cinq cents radios, la parole s'est libérée dans tous les domaines; la crise et les restructurations « aidant », le chômage a augmenté de façon exponentielle, et avec lui le temps libre forcé. A côté de cela, il n'y a que trois chaînes de télévision qui s'arrêtent à minuit et après, tous médias confondus, il n'y a plus d'informations fraîches jusqu'au lendemain matin.

Fidèle à son idée de faire avancer partout les mœurs et les libertés, Coluche veut la télévision. Il la veut la nuit, à l'heure où elle est fermée, de minuit à sept heures du matin. Fort de ses relations avec le pouvoir, il pense pouvoir l'obtenir. D'autant que sa présence à la télé toutes les nuits pourrait offrir un bol d'air frais en cette période où la gauche déçoit, où les pauvres s'appauvrissent et où la querelle scolaire est en train de se rallumer. Une nuit, conformément à la méthode qu'il utilise pour écrire ses sketches, nous rédigeons sur son cahier d'écolier le projet des *Nuits de Coluche* à la télévision. Il a trois idées.

La première c'est qu'il considère que la France est enclavée. La nuit, chez nous, c'est la journée aux Etats-Unis, il veut donc diffuser toutes les heures les informations américaines, traduites en français, pour que notre pays reste branché pendant la nuit sur le reste du monde, en tout cas sur le pays le plus puissant. Pour lui, l'information ce sont les événements politiques, mais également les résultats sportifs de tous ces sports pratiqués là-bas qu'on connaît mal en France. Il adore le sport et se plaint qu'il soit sous-représenté à la télévision française.

La deuxième, c'est qu'il est choqué par la pudibonderie ambiante. Après les premières infos, en gros dès minuit et demi, il veut mettre chaque soir un « film de cul ». D'après lui la pornographie est un art, une liberté et le moyen de rendre les relations humaines plus authentiques. Il considère que la France est trop en retard dans ce domaine, et si on n'est pas forcé de regarder, il faut que l'on puisse voir des films pornos si on le désire.

La troisième, c'est qu'il veut créer, entre les infos, le sport et les films, des espaces de libre parole. D'abord des débats contradictoires de « société », principalement sur le sexe, type d'émission qu'on verra fleurir en deuxième partie de soirée quelques années après. Ensuite, une émission de variétés un peu spéciale dans laquelle les artistes devront, avec son aide, pendant la partie « talk », médire les uns sur les autres. Enfin, un espace réservé à toutes les minorités qui le désirent et qui pourront revendiquer, manifester ou faire tout autre chose, de la façon qu'ils veulent.

Il imagine le rez-de-chaussée d'une usine désaffectée avec le coin rédaction, le coin débat, le coin artistes et le coin minorités. C'est en direct, donc tout est possible. Il anime évidemment toutes les séquences où il vient rejoindre au moment voulu le responsable de chaque rubrique.

Ce projet écrit, il téléphone dès le lendemain à Attali pour avoir l'appui de l'Elysée. Nous savons que, compte tenu de la réalité du pouvoir dans l'audiovisuel à l'époque, le cordon ombilical n'est pas encore coupé, une mini-révolution de ce type ne peut se décider qu'au sommet de l'Etat. Il est invité à déjeuner au « Château » dans les jours qui suivent et présente son idée. Dans le compte rendu qu'il m'en fait, il m'apprend qu'il a croisé le président au moment du café, que son idée a beaucoup plu mais qu'on lui a opposé un empêchement majeur. « Le problème, lui a-t-on dit, c'est le risque d'une grève des journalistes, la télévision ne peut pas donner la parole à quelqu'un qui n'est pas journaliste pour traiter l'information. Nous ne pouvons rien contre la puissance du corporatisme des journalistes, nous ne pouvons nous permettre un conflit ouvert avec eux, que de toute manière nous aurions peu de chances de gagner. Vous devriez aller voir André Rousselet, qui est patron de Havas, et qui prépare une nouvelle chaîne. Vos idées vont certainement l'intéresser. » En clair, c'est une fin de non-recevoir étayée par des arguments convaincants parce qu'ils sentent le vrai.

A la fin de son explication, très enthousiaste, je lui dis : « C'est génial, appelle Rousselet. » Dans mon esprit, Coluche, mon camarade, qui mange à l'Elysée quasiment quand il veut, va décrocher son téléphone et nous obtenir un rendez-vous immédiat avec le patron de Havas qui sera trop content de le recevoir et d'entendre ses propositions. Et là, il n'ose pas, je prends une leçon : la puissance et la grandeur ne mettent pas à l'abri des doutes dérisoires. Il me dit : « Mais jamais il va nous recevoir. Tu ne te rends pas compte, cet homme-là, il est trop occupé. » Presque outré, je rétorque : « Mais, tu ne vois pas qui tu es et la puissance de ton image ! » Gonflé de son importance, je prends le téléphone et j'appelle le secrétariat de Rousselet. Deux ou trois jours après nous avons rendez-vous.

Au jour dit nous arrivons au siège de Havas, à Neuilly, dix minutes avant l'heure comme à son habitude, surtout chaque fois qu'il considère qu'on « joue gros ». On nous introduit à l'heure pile dans le bureau d'André Rousselet qui nous reçoit chaleureusement.

Coluche raconte à son interlocuteur les grandes lignes de ses nuits télévisées et indique au détour d'une phrase que l'on fumera des joints à l'antenne, comme dans la vie, puisque le but c'est de faire une télévision libre, ouverte et qui « lâche un peu la grappe » à la jeunesse. André Rousselet écoute avec intérêt le projet, c'est un rendez-vous un peu formel, mais l'évocation de la consommation des drogues douces comme liberté à conquérir ne semble pas le convaincre. Il manifeste clairement son désaccord : « Attendez, ce n'est pas possible. Vous ne vous rendez pas compte, la drogue c'est dangereux, moi j'ai des gosses ! » Il est vrai que Coluche est très prosélyte pour la consommation du cannabis, ce qui ne fait pas du tout l'unanimité, surtout auprès des générations qui précèdent la sienne. Peut-être s'attendait-il de la part de Rousselet à une réaction comparable à celle qu'avait eue Mitterrand lors du dîner chez Attali. Sur ce point, il choque, mais le président de la chaîne cryptée en préparation nous propose cordialement d'aller raconter ce projet deux étages plus bas au directeur des programmes qu'il vient de nommer, Pierre Lescure. Pendant que nous nous y rendons, Coluche me dit qu'il l'a déjà rencontré, qu'il est sympa et que c'est un ami de Paul. Nous trouvons Lescure dans un bureau sombre, un peu vide, il est en train de lire. Il arbore un sourire en voyant Coluche et ne cache pas son découragement sur l'avancée des travaux de sa nouvelle télévision. Il écoute avec bienveillance le discours de Coluche et affirme aussitôt que les idées qu'il développe sont tout à fait dans l'esprit de ce qu'ils ont l'intention de faire. En revanche, il n'accroche pas sur une collaboration immédiate et conclut sur le fait qu'il est sûr que l'on fera des choses ensemble dans l'avenir. Ce jour-là non plus, Coluche n'a pas convaincu, mais deux ans plus tard il fera le premier journal télé détourné sur Canal plus.

Avec le recul, je me rends compte qu'il n'est pas pris au sérieux. Il est dans une sorte de purgatoire médiatique dont on le sortira en 85. Ce qui est étonnant, c'est que ce manque de confiance ne lui est manifesté que par ceux qui ont le pouvoir sur les ondes : la radio et la télé. On veut bien l'inviter à parler de temps en temps, mais on ne veut lui confier aucune responsabilité. On ne lui pardonne pas encore la campagne présidentielle où il a pris les médias à contre-pied, ni la toxicomanie dont il n'est pas encore revenu, il doit avoir la réputation de l'homme ingérable. En revanche, le cinéma et la politique ne le boudent pas, il fait des films et il est écouté par les politiques qu'il rencontre.

Ainsi le président Mitterrand va-t-il le consulter sur l'ouverture des faisceaux hertziens à la télévision privée. Coluche me racontera l'entretien, qui se passe dans les jardins du palais de l'Elysée, bras dessus, bras dessous. Il me décrit, amusé, l'atmosphère courtisane qui entoure cette conversation. Les ministres présents lancent des yeux gourmands vers ce couple inattendu devisant en tête à tête dans les allées du parc. A la manière dont, après l'entretien, certains d'entre eux se jettent sur lui pour tenter de savoir ce qui s'est dit, il en déduit que donner le bras à François Mitterrand dans les allées d'un parc doit être un honneur insigne de la République. Il n'est pas dupe de ces jeux de Cour. C'est à l'occasion de cette visite, je crois bien, qu'il se vante de s'être fait une ligne de « coke » dans la bibliothèque de l'Elysée en attendant d'être reçu. Provocation secrète destinée à être racontée aux copains et fascination pour un homme et une fonction qu'il admire. C'est au cours de cette promenade qu'il va expliquer à Mitterrand sa théorie du « plus il y en a, plus il y en a ! » Il me fait à peu près le compte rendu suivant : « De toute manière, vous n'avez qu'un truc à faire, c'est ouvrir ! Et ne vous occupez pas du reste, de qui c'est, on s'en fout ! Plus il y a de chaînes de télé, mieux ce sera, parce que plus on aura le choix. Le problème, aujourd'hui, n'est pas de savoir si elles sont bonnes ou mauvaises. Le problème, c'est qu'il n'y en a pas et que c'est un désert. » Très peu de temps après, Mitterrand va décider la création de la Cinq et de TV6, malgré la présence à la Cinq du déjà contesté Silvio Berlusconi.

Dans le même temps et hors de ma présence, Coluche a été contacté par Jacques Ségala, qui lui a présenté Bernard Tapie. Le sujet : la télévision, le but : la démoder. Leurs pourparlers n'iront pas très loin. La conception de Coluche est totalement hors de la préoccupation prioritaire, marchande et industrielle qui prévaudra dans la télévision privée. S'il est évident que seule la publicité pourra la financer, il considère qu'elle doit s'insérer dans le programme et non pas le contraire. Pour lui, le rôle de la télévision est de faire avancer les libertés dans la société, de divertir et d'être un vecteur indépendant d'innovations, pourquoi pas sociales, comme l'avenir le montrera.

Coluche n'est pas un idéologue de la société libérale, au contraire, son credo c'est cette phrase paradoxale : « Ce serait bien qu'on mette de l'anarchie dans l'Etat. » Plus il y a de produits à consommer, de chaînes à regarder, d'idées exprimées, mieux c'est pour tout le monde, parce que de cette multiplicité et de ce bouillonnement sort forcément quelque chose d'intéressant. Sa conception n'est pas économique, il ne s'agit pas de multiplier des marchés, mais de faire en sorte que, par cet accès généralisé aux produits nouveaux et aux libertés nouvelles, « on soit moins isolés dans nos banlieues ». Sa motivation n'a pas grand-chose à voir avec celle des libéraux des années 80 qui piétinent en attendant l'ouverture qui mettra la France au diapason du marché mondial, mais ponctuellement leurs intérêts se rejoignent.

Que ce soit dans ses sketches ou dans ses prises de position, il a toujours une préoccupation politique et sociale qui répond à la conscience qu'il a de la priorité du moment. Il pointe, lors de la campagne présidentielle, l'aspect verrouillé de la démocratie en 80. Il libère le langage dans l'audiovisuel en commençant dès 78 sur

Europe 1, en continuant par son engagement auprès des radios privées en 81 et en culminant par *Y'en aura pour tout le monde* en 86. Il tente, en essayant de rencontrer la police, de rendre les rapports moins durs entre l'Etat et la population. Il souhaite, en voulant prendre la télé la nuit, ouvrir les médias non pas au marché mais aux aspirations de la jeunesse et aux réels mouvements de la société et du monde extérieur.

Ensuite, ce qu'il a traversé sur le plan personnel l'a modifié et lui a fait accepter l'idée que la dérision et la provocation ne sont pas les seules réponses. D'ailleurs, sa relation avec le cinéma a changé, il a évidemment tourné *Tchao Pantin*, mais il se prépare à l'automne 84 pour *Le Fou de guerre* de Dino Risi. Ce n'est pas vraiment une comédie, il accepte d'y jouer le rôle d'un paranoïaque sadique et infantile. Cela l'éloigne de la définition du cinéma qu'il claironne souvent : « Pour moi, il y a deux sortes de films : ceux qui font rire et ceux qui font chier. »

Enfin, à partir de 83-84, la perception générale de la réalité française change. Petit à petit les problèmes sociaux passent au premier plan. Si les clivages partisans persistent, on est de plus en plus visiblement dans des problèmes quotidiens de première urgence. « La crise » tend à supplanter « la lutte des classes ». Nous sentons à l'époque qu'une forme d'action nouvelle est possible, mais nous ne savons pas encore laquelle.

L'année des humanitaires

A l'automne 84, un jeune homme m'appelle chez moi de la part de Jacques Attali. Il veut me parler d'une affaire secrète de la plus haute importance. Il se nomme Julien Dray. Un rendez-vous est pris dans un café de la place de la République. Il se présente : ancien militant de la LCR, passé depuis peu aux Jeunesses socialistes. Il me dit qu'il a le soutien de l'Elysée pour créer une association contre le racisme, qu'il aimerait le parrainage de Coluche et sa présence à la conférence de presse de fondation du mouvement. Il m'indique qu'ils ont une vedette potentielle, un jeune Antillais brillant, qu'ils ont un slogan et un logo, et qu'ils ont l'intention de monter un grand concert. Je lui demande s'il a déjà une date, un lieu et des artistes pour ce concert. Il me répond qu'il n'a rien. Je lui conseille d'annoncer la naissance de son mouvement au moment où il aura déjà des éléments concrets à présenter, sous peine que son initiative passe pour une bonne intention de plus, non suivie d'effets. Lutter contre le racisme, tout le monde est d'accord, le problème est bien de savoir comment. Je lui promets d'en parler à Coluche et de le rappeler très vite. Je m'exécute le jour même. La première chose que me dit Coluche est qu'un mouvement antiraciste socialiste n'a aucun intérêt dans la période présente. Nous vivons la première forte poussée de Le Pen, et pour se défendre de sa concurrence la droite fait l'amalgame entre les problèmes du pays, la présence des socialistes au pouvoir et l'immigration. Nous convenons que le succès d'une association antiraciste auprès des jeunes ne peut reposer que sur l'exaltation de valeurs humaines qui concernent aussi bien la droite que la gauche. La récupération par la gauche seule décrédibiliserait l'ensemble. Il faut donc que, dans les parrains de cette association, il y ait aussi des gens de droite connus. Je rappelle Julien Dray et l'invite à boire un verre chez Coluche qui, dès son arrivée, lui présente sa position. La glace se brise vite, le bonhomme est sympathique à Coluche.

Il lui explique que selon lui le racisme n'est pas un problème de fond en France, surtout dans la jeunesse où des liens se créent dès l'école entre des gens d'origines différentes. Pour Coluche les Français, dans leur majorité, ne sont pas racistes et c'est un problème d'une autre génération qui concerne encore certains vieux. Il faut le traiter en soulignant ce qui rassemble les jeunes, quelle que soit leur origine, par exemple ce concert, et surtout ne pas en faire une affaire de gauche. Dray affirme qu'il partage cet avis sur le refus du monopole de la gauche, cite quelques noms de gens de droite qui le soutiennent mais reconnaît qu'il n'y en a pas assez et qu'il faudra faire en sorte qu'il y en ait plus. Quelques semaines plus tard, Coluche est à l'hôtel Lutétia, à la tribune de la conférence de presse de lancement de SOS-Racisme qui annonce un concert géant place de la Concorde pour le mois de juin. Il arbore ce jour-là sur son blouson la petite main soulignée de la formule « Touche pas à mon pote ». Il ne la quittera plus.

En juin 85, place de la Concorde, après avoir échangé de chaleureuses congratulations en coulisse avec Guy Bedos, il monte sur le podium avec un Instamatic et demande à la foule immense de se serrer fort les uns contre les autres pour qu'il puisse les avoir tous sur la photo.

Fin 84-début 85, l'ambiance est franchement à l'humanitaire. C'est l'époque de USA for Africa de Bob Geldof, Action Ecole de Daniel Balavoine pour l'irrigation du Sahel et de la chanson de Renaud pour l'Ethiopie à laquelle Coluche participe. Il s'agit d'un mouvement qui se développe quasiment en même temps des deux côtés de l'Atlantique. Panne générale d'idéaux ; dégel progressif des blocs qui laissent apparaître des contrées sinistrées, l'action humanitaire semble être le seul moyen d'influer sur le sort du monde. Bien après les « French doctors », les grandes causes deviennent à la mode, propulsées par les stars du monde occidental. Leur engagement va modifier leur place dans la société.

La communauté des artistes, sorte de confrérie informelle, parfois appelée société civile, devient, malgré elle, le porte-drapeau des valeurs universelles. Les médias se mettent à inviter les vedettes à s'exprimer sur tous les sujets, tandis que les hommes politiques, sentant que le domaine moral leur échappe, commencent également à leur courir après. Evidemment, Coluche ne peut pas être en dehors de ce mouvement, lui qui, quatre ans auparavant, s'était incrusté en politique alors qu'on ne lui avait rien demandé.

C'est dans ce contexte que, pour la première fois, en février 85, il me parle de l'idée qui va bouleverser les choses. Nous buvons un thé, chez lui, en mangeant des gâteaux à l'heure du goûter, assis tous les deux autour de la table « bistrot » du rez-de-chaussée de son pavillon de la rue Gazan. Dehors, il fait froid, et nous devisons comme souvent sur la situation du moment. On parle depuis peu dans les médias des « nouveaux pauvres ». Nouveaux parce que les critères retenus jusqu'alors pour définir la pauvreté en France ne sont plus valides pour en décrire les formes actuelles. On entend dire que les récentes études montrent que la crise a touché une partie de la population qui, jusqu'à il y a peu, avait un travail, un logement, une intégration dans la société, et que soudainement ces personnes, dont le nombre est estimé à plusieurs centaines de milliers, n'ont plus rien, au point de ne plus pouvoir se nourrir. Ces personnes sont pour la plupart ce que l'on appelle à l'époque des chômeurs non indemnisés, qui sont tombés au-delà d'un filet de protection sociale qui n'a pas pu anticiper la violence de la crise. On est bien loin de l'image traditionnelle de la pauvreté, les vagabonds des campagnes ou les clochards des villes, sorte d'asociaux représentatifs de la pauvreté résiduelle des années de croissance. Les grandes surfaces, premiers témoins du phénomène, se sentent obligées de réagir. Les centres Leclerc proposent, je ne sais sur quels critères d'attribution, des repas complets à un prix très modique.

Nous échangeons longuement sur ce sujet et je sens Coluche touché, presque blessé par ce que nous entendons. Il me dit qu'il ne supporte pas qu'en France, le pays de la bouffe, des gens aient faim. On est en février, le mois du tiers provisionnel, et il s'apprête à signer un chèque de trois millions de francs. Ce qui l'énerve le plus, c'est de donner un chèque dont il n'est pas sûr que l'Etat fera bon usage, alors qu'il a sous les yeux un phénomène que quelques chèques comme le sien pourraient régler d'un seul coup. Il me dit : « Tu te rends compte, avec ce pognon, le nombre de gens qu'on ferait manger ? Si tous les mecs qui ont du blé comme moi s'y mettaient, on pourrait régler ça tout de suite. » Il prend un crayon et un papier et dit : « On calcule combien ça ferait de repas, 300 briques ? » Puis se tournant vers la cuisine juste derrière, il interpelle sa cuisinière : « Anita, à votre avis, ça coûte combien un repas complet le moins cher possible mais bien quand même ? » Quelques secondes de silence, elle nous rejoint : « A peu près quinze francs monsieur », répond-elle. Le calcul que nous faisons confirme son intuition, avec trois millions de francs on peut fournir deux cent mille repas. C'est beaucoup et c'est pas cher pour régler une situation aussi scandaleuse. Cette découverte le ragaillardit, il prend une grande page de son cahier et me dit : « Je vais te montrer comment je le vois. » Il dessine un plateau ressemblant à celui qu'on fournit dans les avions, et reprend : « Alors là, c'est les couverts, là on mettrait la viande, là les hors-d'œuvre, etc. Tu vois, ce que je voudrais c'est que ce soit un plateau pratique, discret, facile à ranger et bien clean. » Je me rends compte à ce moment-là qu'il y a déjà pensé. D'autant qu'il ajoute : « On pourrait louer un local et commencer la distribution. » Je lui indique alors qu'en dehors du plateau, il y a beaucoup de choses à organiser pour y arriver et que c'est beaucoup de boulot. Je marque en quelque sorte une réticence. Peut-être échaudé par nos échecs des derniers temps, peut-être également parce que, percevant l'ampleur de la tâche, je suis fatigué d'avance et surtout parce que j'ai le sentiment que nous sommes bien seuls pour réaliser cette idée. A cette époque c'est le désert autour de Coluche. De son côté, je le sens fortement motivé et très sérieux : « Renseigne-toi là-dessus, les plateaux, le prix de la bouffe en gros, le stockage, etc. » Dès le lendemain, je passe quelques coups de téléphone, ce que j'obtiens est peu probant dans la mesure où je ne suis pas en situation d'obtenir des informations sérieuses. Je ne suis mandaté ni par une structure ni par un média, c'est bien le problème. Je ne lui en parle pas, de son côté, il ne m'en parle plus et d'ailleurs nous n'en reparlerons plus jusqu'à ce qu'on le fasse, neuf mois plus tard.

À 300 compteur

Depuis nos retrouvailles après ce mini-break du début 84, nous nous voyons régulièrement, sauf quand il tourne à l'étranger. La manière dont il sort de la toxicomanie et les efforts qu'il fait pour y parvenir sont visibles et continus. Il ne fait pas de cure de désintoxication, dont l'efficacité est à l'époque relative, mais se fait aider par un médecin, son entourage, et la chance d'avoir à nouveau un grand dessein. Quand on en a le désir, il est moins difficile de « décrocher » lorsque l'on est riche, entouré et habité par un projet que lorsque l'on est pauvre, seul et sans but dans la vie. En 85 il aura réglé le problème.

Une autre femme est arrivée dans sa vie. Elle s'appelle aussi Frédérique, mais comme elle est plus petite que celle qui l'a précédée, on l'appelle la « petite Fred. » Elle est la fille d'un ami d'enfance de mon frère aîné Daniel, Bernard Fayles, mais ce fait n'a rien à voir avec leur rencontre. Du coup, découvrant ce lien supplémentaire entre nous, Coluche me convie à dîner, certains dimanches soir, quand il reçoit les parents de sa nouvelle compagne. Bernard et sa femme, Simone, qui m'ont quasiment vu naître, racontent des histoires de jeunesse avec mon frère et me dépeignent en culotte courte. Frédérique, de fait, amie d'enfance de ma nièce Manuelle, me demande de ses nouvelles. Nous plongeons malgré nous dans l'étalage des souvenirs familiaux. Ce n'est pas vraiment le style de Coluche. Pourtant, il ne manifeste pas d'agacement devant l'évocation d'un passé qui ne le concerne pas. Ces dîners me donnent le sentiment que quelque chose est en train de changer.

L'ambiance de la maison s'est également modifiée, elle est plus sportive. Les tournois de baby-foot, les matchs de foot à la télé et le ping-pong rythment les soirées. Le Tout-Paris médiatique n'est toujours pas revenu et, à part les fidèles, artistes ou non, et quelques nouveaux comme les gens du groupe Téléphone, le noyau se restreint au groupe d'intimes. Ludo, Didier, leurs compagnes habitent quasiment là. Jean-Claude Dupieu, le garagiste et ami de la « famille » chez qui Coluche va papoter plusieurs fois par semaine sous un prétexte mécanique quelconque, est toujours aussi présent. Aldo Martinez, l'ancien bassiste des Chaussettes noires qui, à l'époque de la campagne présidentielle, était secrétaire de Paul, revient également dans la bande pour ne plus jamais la quitter. Coluche déploie une activité intense dans les domaines qui l'ont toujours passionné.

D'abord la moto : il est essayeur à *Moto 1* et tourne régulièrement sur circuit avec Eric Courly. Ce dernier est devenu un proche et c'est avec lui que Coluche étudie le livre des records moto dans le but d'en trouver un qui soit accessible. Ce record, auquel il pensera aussi longtemps qu'à la création des Restos, est la réalisation d'un rêve d'enfant et en même temps un coup médiatique calculé. Il cherche avec Courly des records tombés en désuétude. En l'occurrence, ceux qu'ils choisissent, le kilomètre et le mile départ lancé, n'ont pas été tentés depuis 59. Les progrès mécaniques réalisés depuis cette date mettent ces records à une portée raisonnable des motos modernes. Ce qu'il s'agit pour lui de faire, c'est se montrer aux autres comme à lui-même aussi indiscutable et performant qu'il a semblé ne pas l'être pendant près de quatre ans. La veille du record, il nous confiera : « Ce que j'aimerais, c'est que demain tous les journaux titrent : "Coluche à 300 compteur" », référence aux souvenirs d'enfance quand on collait nos nez sur les vitres des voitures garées pour apercevoir des compteurs qui nous faisaient rêver. Au moment où la tendance chez ses collègues vedettes est de se mettre au service des causes et de faire le Paris-Dakar en copilote pour conforter leur image (on le lui a proposé plusieurs fois), lui choisit une voie différente. Il est bien dans la même mouvance, mais il se situe sur un terrain où il est seul, et donc le premier.

En politique, il entretient ses relations avec l'Elysée. Depuis la « consultation » dont il a été l'objet sur l'ouverture de la télévision privée, il a parfois des conversations de fond avec le président. Il me confie qu'à l'occasion d'une de ses rencontres, Mitterrand lui aurait fait part de sa conception du rapport entre une loi et l'évolution des mentalités dans la société. Une loi, lui aurait-t-il dit, doit toujours être en avance sur les mœurs si l'on veut qu'elle soit utile, elle ne doit pas sanctionner un état de fait existant mais anticiper une évolution latente dans la société. Cette pensée n'est pas tombée dans l'oreille d'un sourd, et il l'aura en tête quand nous écrirons la mouture de ce qui s'appellera plus tard la loi Coluche.

En 85, ses contrats de cinéma honorés, ce sont les grandes retrouvailles avec Paul. Il s'agit de reprendre le Coluche Artiste, là où il s'était arrêté et de recommencer encore plus fort. La voix nationale, qui ne s'est pratiquement pas exprimée depuis 81, doit à nouveau se faire entendre : une présence forte dans les médias, une émission à la radio et un nouveau spectacle à la rentrée 86.

Ainsi, au printemps 85, pendant le festival de Cannes, il participe au *Jeu de la vérité* de Patrick Sabatier et réalise une audience de près de 50 %. Au cas où certains en douteraient, le public ne l'a pas oublié. C'est un

Coluche nouveau que l'on découvre, celui qui montre et prouve qu'il n'a rien à cacher. Du coup, tout le monde le veut et il est invité aux *20 heures* des chaînes nationales. Celui qui a approfondi sa pensée et modifié l'expression de sa révolte n'est cependant pas à l'abri des rechutes. Le soir du drame du stade du Heysel, invité au JT de TF1, il déclare, lorsqu'on lui demande son sentiment sur cet accident, que trente-six supporters victimes de ce mouvement de foule, cela fait « trente-six cons de moins ». Juste après, Coluche explique à Paul au téléphone ce qu'il voulait vraiment dire à propos de l'abrutissement et de l'alcool qui pousse certains supporters à faire n'importe quoi. Mais ce dernier est furieux et l'engueule copieusement. Néanmoins, il réussit à arranger les choses avec la première chaîne de télévision.

Pendant ce temps, Paul a entrepris de convaincre Europe 1 de reprendre Coluche sur son antenne. La situation de la station à cette époque s'y prête, ayant mal digéré l'arrivée des radios privées sur la bande FM, son audience s'est fortement érodée. La duplication naturelle de sa clientèle, « dynamique et moderne », avec celle de ces formats nouveaux la rend plus fragile que ses concurrentes France Inter et RTL. Bouvard fait un « carton » avec « Les Grosses Têtes ». Europe 1 a perdu plus que les autres. Il lui faut une star à l'image novatrice qui renoue avec sa tradition d'humour pour reconquérir son audience. Paul et Coluche prennent un petit déjeuner à l'hôtel George V avec Jacques Abergel le directeur général. Ils le persuadent que Coluche est reparti pour de bon, qu'il s'apprête à reprendre un spectacle et qu'il s'engage à ne pas faire « n'importe quoi ». Cette promesse est destinée à calmer les inquiétudes d'Abergel qui a encore en tête les tracas d'Europe 1 lorsqu'en 78, Coluche avait un peu trop bousculé l'armée et l'Église.

De mon côté, dans cette période de la mi-84 à juin 85, je m'active beaucoup pour trouver une activité en dehors de ce que je partage avec lui. Je l'informe de mes entreprises, il me regarde me débattre avec bienveillance mais, il faut bien l'avouer, je ne réussis pas beaucoup. Mes associations avortent en emportant mes projets avec elles. Décidément, je n'arrive pas à travailler avec quelqu'un d'autre. Un jour de confidences, pendant un trajet en voiture où nous parlons des doutes profonds que j'ai sur mon identité, il me dit : « Cela ne m'étonne pas que tu n'y arrives pas parce que tu ne connais pas ton talent ; rassure-toi, moi je le connais. D'ailleurs, dis-toi bien une chose, c'est que tout ce que nous faisons en politique, si tu n'étais pas là, je ne le ferais pas. » Ce jour-là, il m'a fait pleurer.

TROISIÈME PARTIE

LE TRIOMPHE

(juillet 85-juin 86)

Les records

Quelques mois plus tard, au retour du festival de Cannes, Coluche m'appelle pour m'apprendre que nous commençons en juillet sur Europe 1. Il ne me demande pas si je suis libre, pour lui c'est évident, il m'informe simplement que je serai, comme d'habitude, chargé de la revue de presse et du rôle désormais codifié de « Jean-Mi la Science ». Entre-temps, au mois de juin, j'ai calé avec les organisateurs de SOS-Racisme les éléments nécessaires à sa participation au concert de la Concorde, et nous voilà le 8 juillet à l'antenne d'Europe 1.

La bande s'est reformée, tout le monde est à son poste. Paul a organisé les choses en grand : tant pour les négociations nécessaires à notre confort que pour l'effet d'annonce de l'émission. J'en apprendrai le titre, *Y' en aura pour tout le monde*, par les affiches 4 × 3 que je verrai dans Paris. Nous sommes heureux, cela fait tellement longtemps que nous attendions de nous trouver, là ou ailleurs, mais ensemble. Pas de briefing de la part de Coluche, juste un constat lucide : « Compte tenu de l'état d'Europe en ce moment, je ne suis pas là pour animer une émission, mais pour réanimer la radio. »

Nous sommes cinq à l'antenne : Coluche, Ludo, Aldo, Dominique Esnault alias Nono et moi. Plus, évidemment, la représentante de la maison Europe qui, dès le mois de septembre, sera Maryse. C'est une équipe d'intimes, nous nous connaissons tous depuis longtemps et chacun a sa fonction précise. Ludo, en tant que responsable des loisirs de la bande, sera chef du jeu qu'on appelle le « jeu idiot » ; Aldo, dont la propension naturelle aux calembours est connue de tous, devient chef « chuteur ». Coluche a transformé la manie d'Aldo en talent, c'est souvent lui qui trouve la chute comique des développements de l'actualité. Quant à Nono, ancien batteur et comédien dans le groupe Odeurs, il apporte une approche différente, plus écrite que celle d'Aldo, et partage avec lui le privilège de proposer des chutes à la réunion de centralisation une demi-heure avant l'antenne.

La méthode de travail est vite posée et orientée en douceur par Coluche. J'arrive le matin très tôt et j'épluche toute la presse du jour. J'en extrais une synthèse en me concentrant sur les points méritant un traitement particulier de notre part. Je ne cherche pas à débusquer l'info insolite, mais je fais apparaître au contraire les contradictions et les faux-semblants de l'information évidente et vue de tous. Il s'agit de mettre en perspective soit les incohérences des journaux eux-mêmes, soit, plus directement, celles des déclarations politiques. A la fin de ce travail qui prend à peu près deux heures, réunion avec Coluche arrivé entre-temps. Je lui fais part de mes trouvailles, nous en discutons, il rebondit sur celles qui l'intéressent et repousse celles qui ne lui paraissent pas « passer la rampe ». Quand l'ordre du jour est arrêté, on se rassemble tous autour de son bureau. Il distribue à l'équipe des « chuteurs », Aldo et Nono, les thèmes sur lesquels ils doivent chercher, Ludo propose le « jeu idiot » du jour, ainsi que les blagues qu'il a choisies avec Aldo dans les bouquins de blagues dont nous sommes gros consommateurs. Dans la demi-heure qui suit, Aldo et Nono proposent leurs chutes à Coluche qui les valide ou les enrichit, ce qui nous emmène en général à trois minutes du direct.

Nous arrivons en courant dans le studio qui porte aujourd'hui le nom de Coluche et c'est parti pour deux heures, du lundi au vendredi.

Avec Maryse, Martial Courtois le réalisateur et Anne la secrétaire de l'émission, nous sommes huit dans un bureau qui ne dépasse pas vingt-cinq mètres carrés, quand Paul ne débarque pas en squattant l'un des postes de travail. Maryse et moi partageons le même bureau. Grande, belle femme élégante, Maryse est la « maman » de l'émission autant à l'antenne que dans les coulisses. Avec ses pudeurs mises en scène, ponctuées par son « pouet-pouet », petite poire sonore qu'on met normalement sur les vélos, elle est l'élément féminin modérateur quand l'émission glisse parfois au-delà de la bienséance. Au bureau, toujours à l'écoute des petits « bobos » de chacun, de cœur ou d'ailleurs, elle nous réconforte par son humeur, sa gentillesse et son engagement. Quand, quelques semaines plus tard, les Restaurants du Cœur seront créés, au-delà de sa fonction d'animatrice représentante de la station, elle en deviendra une militante active. Chacun dans notre petit coin, sur lequel s'empilent nos papiers, nos plateaux-repas à demi consommés et les cadeaux des annonceurs qui souhaitent un coup de pousse de Coluche à l'antenne – ce qu'il ne manque pas de faire quand ils sont suffisamment généreux –, nous vivons cette promiscuité avec bonheur. Deux mois comme cela, bruyants, déconnants, bien payés, insouciants, dans lesquels, pour ma part, je retrouve la reconnaissance et le sentiment de l'utilité, ne laissent que peu de souvenirs si ce n'est celui de la convalescence.

A la fin août, affublé d'un vieux break DS que Coluche a dégoté, je pars pour le circuit de Nardo, à l'extrême sud de l'Italie. Il s'agit d'organiser sa première tentative de record du monde. Je transporte la moto qu'il a achetée pour réaliser cette performance. Une Yamaha 750, OW31, c'est une moto de course, mais pas ultramoderne. C'est la moto « mythique », la plus rapide du monde, mais dix ans plus tôt. Elle a la particularité de « serrer » une fois sur deux quand on « coupe », autrement dit, pour les profanes, le moteur se bloque dès que l'on décélère si l'on ne débraye pas immédiatement. Il n'a pas voulu que l'on refasse le moteur, elle est juste réglée, et il veut tenter le record dans ces conditions. Il n'a pas non plus voulu une moto neuve que n'importe quel constructeur aurait été ravi de lui prêter. Il a voulu celle-là parce que c'est avec elle qu'il l'a rêvé : le record, oui, mais sur une OW31, alors que personne ne sait ce que c'est. Les préoccupations publicitaires sont bien loin.

Le temps de rassembler les hommes et les moyens nécessaires à la réalisation de l'entreprise, je l'appelle et il me rejoint avec toute l'équipe dans l'avion d'un copain. Le lendemain, au petit jour, il se lance. Au troisième essai, il « serre » à 180 et débraye juste avant un blocage des roues qui aurait dû l'envoyer par terre. On annule tout, la tentative est reportée à la fin septembre. Je rage parce que je ne comprends pas les raisons qui l'ont poussé à refuser le minimum de préparations mécaniques indispensables. J'en parle avec Pierre Boudon, notre spécialiste, nous convenons que quoi qu'il en coûte de l'affronter sur ce sujet, nous ne laisserons pas les choses s'organiser de cette façon la prochaine fois.

Un mois plus tard, nous sommes passés au « stade industriel ». Coluche a fini par se plier à l'avis unanime de l'équipe. J'ai droit à un camion neuf, décoré méticuleusement par ses soins avec des autocollants publicitaires pendant une matinée entière et loué par le rédacteur en chef de *Moto 1*, Joël Zerbib. J'ai droit à un assistant en la personne de mon beau-frère, Joël Quettier, et même, comble du luxe, à une moto de rechange que Coluche a acceptée en bougonnant.

Le moteur de l'OW31 refait intégralement, en route pour le talon de la botte italienne. Même scénario que le mois précédent, ils me rejoignent quand tout est prêt. Le 29 septembre 85, Michel Colucci et Eric Courly battent, respectivement, le record du monde du kilomètre et du mile départ lancé à 252 et 259 kilomètres heure de moyenne sur une OW31, évidemment.

A partir de ce record, tout va très vite, Coluche en est très fier. Cette preuve de courage physique semble lui donner la conscience d'une légitimité nouvelle. Pendant la huitaine de jours où je me suis absenté de Paris pour organiser cet événement, il n'a pas chômé. Il a lancé à la radio une idée qui, un an plus tard, donnera à manger à deux cent mille personnes par jour et il s'est marié avec Thierry le Luron à la mairie libre de Montmartre. Paul a eu cette idée lors d'un dîner chez Castel avec ses deux artistes. Au départ, un délire de fin de banquet. Au final, les deux comiques les plus populaires de France traversant en calèche, déguisés en mariés romantiques, le Paris ensoleillé de cette fin d'été 85. A leur rencontre des centaines de milliers de personnes, riant de bon cœur devant un canular aussi moderne et subversif dans son contenu que suranné et « Belle Époque » dans son apparence.

« *C'est-à-dire que celui qui s'est marié avec Le Luron pour faire un peu de publicité aux pédés qui la font pas eux-mêmes, ces andouilles, alors que les mœurs ont beaucoup besoin d'évoluer, puisqu'il faut lutter contre le sida qu'on nous pend au nez comme si c'était au nez que ça se passait... Ce truc-là parce que je me suis dit que le public étant totalement désintéressé de la politique, comme moi j'aime la politique, je trouve un moyen de l'intéresser à la politique. Voilà* [1]. »

1. Coluche. Conférence aux francs-maçons, 27 février 1986.

La création des Restaurants du Cœur

Je ne sais encore rien de concret sur tout cela quand, le 2 ou 3 octobre, j'arrive à Europe 1 un quart d'heure avant l'antenne en descendant juste du camion qui me ramène d'Italie. Je débarque comme une fleur dans le bureau, m'attendant à être accueilli chaleureusement comme celui qui a bien fait son travail et qui vient de se taper 2 000 kilomètres au volant. Ils me disent à peine bonjour, ils sont tous affairés. Profitant des dernières chaleurs de l'été en Italie, j'ai oublié que, pour Coluche, le passé, même s'il a trois jours, n'a aucun intérêt et que ce qui le passionne ne peut être que présent ou à venir. Goûter la douce jouissance de l'action accomplie ou se laisser aller à la nostalgie est le meilleur moyen de se faire rabrouer par Coluche, si son esprit est occupé par quelque plan en préparation. Comprenant vite que j'ai dû rater quelque chose, je me dis que j'ai intérêt à me remuer si je ne veux pas être lâché par le « peloton ».

Je m'installe à mon bureau en me demandant ce que je vais bien pouvoir faire pour contribuer à la préparation de l'émission qui commence dans quelques minutes. Evidemment, tout est déjà bouclé. Coluche, assis au bureau à côté du mien, lit des papiers et les signe. Sans lever la tête il demande : « C'est qui le trésorier et le secrétaire général ? » Hésitation, je me hasarde : « C'est bien le truc de bouffe dont on a parlé l'année dernière ? » « Ben oui », me répond-il laconiquement. « L'un des deux, pour moi, je m'en fous. » Ludo dit la même chose. Finalement, je suis secrétaire et Ludo trésorier. Je regarde les statuts avant de signer. Claude Martinez, présent dans le bureau, m'explique que les statuts d'une association ne sont qu'une formalité. Ceux que j'ai sous les yeux sont la copie de ceux de l'association qu'il a créée afin d'émettre des cartes de membre lui permettant de mieux contrôler la clientèle de la boîte de nuit parisienne dans laquelle il a des intérêts. Ils sont totalement léonins, tout le pouvoir appartient au président et à ses deux cofondateurs. Il est clair que cela n'a pas la moindre importance, Coluche ne veut pas faire une association, il veut créer un système de distribution gratuite, le seul moyen juridique à sa portée étant l'association régie par la loi de 1901, il s'y conforme. En parcourant ces statuts, je vois le nom qui a été décidé : les Restaurants du Cœur, je me renseigne sur l'auteur de la trouvaille. J'apprends qu'Aldo a trouvé Cantines du Cœur et que Paul, trouvant « Cantines » trop misérabiliste, l'a remplacé par « Restaurants ». Les dés sont jetés, il n'y a plus qu'à jouer.

A 16 heures, nous nous ruons dans le studio comme d'habitude. Le ton de l'émission a changé. La partie dialogue avec les auditeurs est plus longue et, à côté de l'humour et de la dérision, les questions sérieuses des auditeurs ont droit à des réponses sérieuses de Coluche. La majorité des questions tourne autour de l'initiative qu'il vient d'annoncer. Beaucoup d'auditeurs soulignent que donner pour le tiers monde c'est bien, mais que la démarche de Coluche qui veut d'abord s'occuper d'une situation d'urgence en France les touche davantage. Il est clair que ces appels téléphoniques n'émanent pas de militants humanitaires politisés, ce sont des réactions spontanées qui affluent au standard. Coluche ne contredit pas ce discours sur « d'abord la France », mais il lui donne un autre sens en accord avec sa conception profonde de l'action. Il explique que s'il veut s'occuper de l'aide alimentaire en France, ce n'est pas parce qu'il se fout des autres peuples, mais simplement parce que s'en occuper en France c'est réalisable et mesurable immédiatement.

Il étaie son propos par le fait que plusieurs millions de tonnes d'excédents alimentaires, notamment beurres, viandes et céréales sont dans les frigos de la Communauté européenne. Ce n'est un secret pour personne. Les pouvoirs publics justifient ce fait par leur devoir de protéger le revenu des agriculteurs en empêchant la chute des cours. Par un simple calcul, Coluche montre que ce n'est pas quelques milliers de tonnes, suffisantes pour régler le problème de la faim en France, qui vont modifier cet équilibre, et que si on ne le fait pas c'est un scandale. Enoncée par lui et avec ses mots, cette démonstration est entendue et le succès immédiat.

De retour au bureau en sortant de l'émission, Alexandre Lederman, le fils de Paul, est là. Tenu au courant par son père, il s'est emballé pour ce projet. Etudiant à l'Ecole supérieure de commerce de Paris, il a là un moyen intelligent et généreux de mettre en pratique en temps réel ce qu'il apprend. Comme il y a des écoles de commerce dans toutes les grandes villes de France, il va créer avec ses camarades le premier réseau de distribution des Restaurants du Cœur. A l'occasion de cette réunion, je vois émerger un Coluche nouveau, même si un certain nombre de signes m'avaient averti de ce qui était en gestation. Avec ces jeunes gens enthousiastes, sûrs de leur savoir mais encore ignorants de la réalité, il est d'une patience incroyable. J'écoute, éberlué, leur discussion en craignant à chaque seconde qu'Alexandre pose la question de trop qui l'enverra dans les cordes, mais cela ne se produit jamais. Coluche répond à tout, oriente, explique, donne des exemples et fait preuve d'une pédagogie que je ne lui ai jamais vue.

C'est la tête bien pleine que, ce soir-là, je rentre chez moi. Je vois où nous en sommes, je discerne ce qu'il y a à faire et je m'interroge sur ce que je vais pouvoir apporter. J'ai vu Coluche accaparé par Alexandre et ses camarades qui lui demandent les coups de pouce nécessaires pour ouvrir les portes dans leurs multiples démarches. J'ai vu le système d'échanges que les commerçants de tout poil sont prêts à monter avec nous pour aider les Restos en échange d'une pub de Coluche à la radio. J'ai vu comment Coluche a appelé Attali à l'aide, et comment ce dernier a promis de lui obtenir un rendez-vous avec le ministre de l'Agriculture et la ministre de la Solidarité et des Affaires sociales. Ce soir-là, avant que nous nous séparions, je m'en ouvre à Coluche. Serein, il me dit que je n'ai qu'à me tenir au courant de tout, de le suivre, et qu'il y aura tellement de choses à faire que je trouverai bien le moyen de me rendre utile.

Dans les jours qui suivent, je fais comme il a dit. Je prends le temps de me pénétrer de la démarche nouvelle, cela se fait vite. Le premier signe, c'est le téléphone. D'emblée notre bureau devient le siège des Restos du Cœur qui n'existent pourtant que virtuellement, effet d'annonce oblige. Le standard d'Europe 1, assailli de propositions et questions de toutes sortes, nous les envoie d'office. Je prends sur moi de traiter ces demandes qui affluent vers Coluche. Comme il est assis à un mètre de moi et qu'il n'est pas le genre à avoir les oreilles dans la poche, mine de rien, il écoute tout. Au bout de deux jours, il ne me corrige plus, j'ai rattrapé le retard des informations manquantes et quant à la « ligne du parti », je la connais, c'est la même depuis cinq ans, celle de la campagne présidentielle. Les circonstances et la nécessité de structurer un réseau la feront évoluer, mais la philosophie n'a pas changé : « Les Restos du Cœur c'est vous autant que nous, que chacun les fasse là où il est, du mieux qu'il peut. Nous pouvons vous aider mais pas le faire à votre place. » Au fur et à mesure que l'idée se transformera en action, ce principe s'enrichira, j'y reviendrai en décrivant notre travail en vitesse de croisière.

Pour le moment, l'attention se concentre vers ce que nous savons faire. Rendre cette idée populaire et incontournable. Paul déploie une énergie intense à mettre Coluche au contact des décideurs nationaux qu'il peut toucher par ses réseaux et, bien sûr, à mobiliser la presse nationale et internationale. Ainsi, il organise un déjeuner entre Coluche et la femme de Jacques Chaban-Delmas, qui occupe une fonction très importante à la Fondation de France. Cette rencontre débouche sur la promesse d'un soutien logistique et un parrainage de la Fondation de France qui donne à notre opération le début d'une crédibilité dont elle a besoin avant tout. Faisant d'une pierre deux coups, Coluche fera la connaissance de Chaban-Delmas, qui ouvre la ville de Bordeaux aux Restos du Cœur dès le lancement de l'opération.

Dans le même temps, la presse se manifeste mais, malgré les nombreuses interviews que donne Coluche, l'écho au début est mitigé. Les réactions sont de trois sortes. L'attentisme teinté d'incrédulité, type *Libé* ou *Le Monde*, qui ont été échaudés par la campagne de 81. Des journaux plus radicaux l'accusent d'une complicité avec la pensée libérale, celle qui considère que c'est aux caritatifs, donc aux privés, de s'occuper de la misère, et non à l'Etat. Ils n'ont pas vu que Coluche propose une action immédiate et provisoire pour répondre à une situation d'urgence. Enfin le « club » de tous ceux qui l'ont toujours critiqué, le charge de cynisme, de démagogie et de publicité à bon compte. L'action de cette tendance culminera un peu plus tard avec l'incident qui l'opposera à Christine Clerc du *Figaro*. L'interview se déroule, comme à chaque fois dans cette période, dans le petit bureau d'Europe 1. C'est un jour de grippe annuelle, Coluche a 39° de fièvre. L'entretien commence par sa volonté de se faire de la publicité, continue sur son mépris des pauvres et des cons. Il explose à la troisième question sur son « racisme anti-petites gens ». Finalement, Coluche jette littéralement

Christine Clerc à la porte en lui versant le fond d'une bouteille d'eau sur son chapeau. A la suite de cette altercation qui donnera lieu à une plainte, il est définitivement boudé par les grandes dames du journalisme français, solidaires de leur consœur malmenée. Cet incident ne gênera pas vraiment les Restaurants du Cœur, car à ce moment-là le public se les est déjà appropriés. Néanmoins, il n'a pas d'humour sur les Restos. Sur lui tant qu'on veut, sur les Restos non. D'autant qu'il a une définition très précise de ce mot qu'il oppose au mot « esprit ». Pour lui, avoir de l'humour c'est accepter de se moquer de soi-même, avoir de l'esprit c'est savoir se moquer des autres.

La crédibilité, c'est bien ce qui nous manque au début, pas celle du public dont la réaction est immédiate et massive, mais celle des puissants et des relais d'opinion. Attali a tenu sa promesse, la force de conviction de Coluche et le soutien populaire évident qu'il reçoit font le reste. Il est reçu par Henri Nallet, ministre de l'Agriculture et Georgina Dufoix, ministre de la Solidarité, dès qu'il en fait la demande. Avec le premier, il obtient la promesse d'une aide technique et l'engagement d'intervenir auprès des instances européennes pour affecter une petite partie des excédents alimentaires à des fins humanitaires dans la Communauté. Il faudra cependant plus d'un an pour que cette dérogation se mette en place. Avec la seconde, il obtient l'accès à un stock national de denrées d'urgence à un prix très modique.

Le petit doigt dans l'engrenage

Dans le même temps, Europe 1 qui, comme tout le monde, a été pris de court par le lancement de l'idée des Restos sur son antenne, se trouve obligé de se déterminer sur cette initiative. Même ici, la crédibilité n'est pas acquise. Si Philippe Gildas, le directeur d'antenne, immédiatement conquis par l'idée, a accepté le coup de force de Coluche de bonne grâce, il n'en est pas de même pour toute la maison. Comme pour la présidentielle de 81, Coluche a profité de la période pré-électorale pour « ouvrir sa gueule » mais, grande différence, il est tous les jours sur un média national qu'il met au pied du mur en créant un lien direct avec le public. Enthousiasmé par l'engouement que suscite sa proposition, il résume un jour, micro fermé, entre deux coups de téléphone d'auditeurs : « Là, je me présente à rien, mais tu vas voir... » De toute manière, sur un sujet aussi consensuel et sur un retour populaire aussi évident, même le plus anti-Coluche de la station est obligé de suivre. Paul rencontre Jacques Abergel, Philippe Gildas et obtient une journée spéciale Restos du Cœur pour le 14 décembre. Un journaliste est dédié spécifiquement au suivi des Restos : Laurent Cabrol. Devant ces chassés-croisés, Coluche dit quelque chose dont je me souviendrai au moment où, sans lui, je devrai me battre pour faire voter sa loi : « *La notion que je tirerai de cette affaire-là, c'est que pour réussir à faire du bien, déjà il a fallu baiser tout le monde, ça c'est vrai*[1] *!* » Au reste, rien de bien sérieux ne s'oppose au courant qui porte Coluche en cet automne 85, mais un petit événement va jouer un rôle important et libérer sa sérénité. Joint par un journaliste qui voulait connaître son sentiment sur cette initiative, l'abbé Pierre déclare croire en Coluche et soutenir totalement son action contre la misère.

Plus les jours avancent, plus les Restos prennent de place dans l'émission. Coluche est amené à répondre à des questions sur lesquelles nous n'avons pas encore réfléchi. Ainsi, un jour, un auditeur soulève le fait que donner aux Restos c'est bien, mais qu'il aura quand même à payer des impôts sur ce qu'il aura donné, ce qu'il considère comme injuste. Coluche lui dit qu'il a raison et que, lui aussi, pense à ce problème. Ayant entendu parler de l'article 238 *bis* du Code des impôts, mais ne sachant pas très bien ce qu'il contient, j'interviens en disant qu'une disposition permet de récupérer l'argent que l'on donne aux associations reconnues d'utilité publique. Coluche va dans mon sens et dit à l'auditeur que nous allons nous renseigner et indiquer dans la prochaine émission les modalités de ce que nous croyons être un crédit d'impôt. On envoie les pubs. Au bout de quelques minutes, Martial, le réalisateur, nous interpelle et nous annonce qu'il est saturé de coups de fil de gens qui contestent ce que nous venons de dire. Coluche lui demande « d'envoyer » un des contradicteurs à la sortie de l'écran publicitaire. C'est un conseiller juridique : il explique que ce que nous avons affirmé est inexact, ce système permet seulement de déduire de son revenu imposable, et non pas de son impôt, 5 % de ses dons, et encore sur une somme plafonnée. Autant dire rien. C'est à ce moment-là que naît l'idée de la loi. Puisque le citoyen finance un service que l'Etat ne sait pas assumer, qu'au moins celui-ci prenne en charge une part substan-

1. Coluche. Conférence aux francs-maçons, 27 février 1986.

tielle de l'effort fourni par le citoyen. Coluche décide que ce sera notre deuxième combat.

Un peu troublé par l'accélération subite des événements, j'entreprends, comme à chaque fois que j'ai besoin de mettre mes idées au clair, d'aller rendre visite à mon frère aîné, Daniel. L'intellectuel de la famille a eu un parcours chaotique. Mathématicien, physicien et statisticien, ancien prof d'université et chercheur au CNRS, il a tout quitté dans les années 70 pour se reconvertir sur le tard dans les recherches philosophiques et systémiques. Il est le seul dont personne n'est jamais capable d'expliquer ce qu'il fait – même lui, a du mal. En tout cas, il n'a pas son pareil pour rendre lisibles et clairs les schémas intellectuels les plus embrouillés. Devisant comme à notre habitude autour d'un « calumet de la paix », Daniel me pointe dans quelles directions je devrais appliquer mes efforts et me conseille de parler avec sa femme pour la loi.

Anne Coutard, ma belle-sœur, est énarque et spécialiste des problèmes sociaux et culturels. Le projet lui plaît tout de suite. Elle me donne deux noms de personnes à joindre de sa part, le directeur du cabinet du ministre de l'Agriculture, Guy Raffy, et la secrétaire générale de la Fondation pour la vie associative (Fonda), Anne David. Elle me conseille de voir ces spécialistes afin d'expliquer plus tranquillement ce que nous voulons faire avec les Restos du Cœur. En clair, au-delà de la rencontre au sommet entre Coluche et les ministres, il s'agit, pour le premier contact, de rassurer ceux qui, en dehors de tout bénéfice médiatique, vont avoir à mettre en œuvre l'aide promise. Pour la seconde, la Fonda réunissant la grande majorité des associations caritatives de France, il s'agit, par son intermédiaire, de prendre langue avec ce secteur. Faire comprendre que l'initiative de Coluche n'a pas pour but d'écraser ceux qui depuis plusieurs décennies travaillent dans l'ombre contre la pauvreté. La tête embrumée mais plus ordonnée, je quitte le domicile de mon frère en promettant d'organiser au plus vite un rendez-vous studieux entre Anne et Coluche pour confronter ses idées sur la loi avec une professionnelle du droit constitutionnel.

Coluche se démène dans tous les sens, d'autant plus que, à partir du mois d'octobre, nous sommes sur Canal Plus tous les soirs à 20 heures. Paul a négocié avec la chaîne cryptée un JT quotidien de dix minutes. Dans ce *Coluche un faux*, nous recyclons le meilleur de ce qui a été fait à la radio le jour même, ce qui demande assez peu de travail et nous assure une double paye. En revanche, Coluche inaugure un système qui, depuis, est devenu une référence : les images d'actualité détournées. Après d'âpres négociations avec la chaîne, nous avons obtenu le droit d'utiliser ces images, mais seulement celles qui viennent de l'étranger. Cela nous oblige à visionner l'ensemble de ces EVN [1] la nuit chez Coluche. Le jeu consiste à regarder sans le son les reportages d'actualité qui mettent en scène les personnalités du monde entier et à inventer des petites saynètes qui n'ont rien à voir, drôles de préférence, mais qui sont induites par ces images. En plus de la radio et des Restos qui commencent à prendre de la place, nous préparons chaque jour l'émission télé du lendemain de 22 heures à 2 heures du matin. Cette collaboration avec Canal Plus est moins simple que celle avec Europe 1. Coluche se méfie de la télévision, qu'il considère comme un outil trop lourd et dont les procédures de travail brident la liberté de création. Le fonctionnement en « francs-tireurs », comme à la radio, n'est pas possible. La qualité de ce qu'il propose ne dépend pas de sa seule créativité, mais de tout un tas de gens qui ont chacun une action déterminante sur le produit final : la réalisation, le montage, la post-synchro, le mixage, le décor, l'éclairage, etc. C'est presque aussi lourd que le cinéma, sans les mois de préparation et le confort de travail. Et, en plus, l'obligation de se renouveler tous les jours. Dès le début, des

1. Eurovision news exchange : Banque mondiale d'échange d'images d'actualité entre les chaînes associées.

« coups de gueule » comme Coluche sait les lancer ternissent un peu l'enthousiasme général. Toutes ces personnes dont les métiers concourent à la réussite de l'émission prennent mal le fait que Coluche semble ne pas considérer leur utilité et leur corporation. Pour lui, la technique n'est pas là pour ramener ses propres problèmes, mais pour se mettre au service de ce qu'il a à faire. Deux ou trois fois nous frôlons la rupture, et Paul doit négocier avec la direction pour éviter le départ. Pour ma part, intéressé par cet outil télévisuel que je ne connais pas encore, je joue les intermédiaires sur le terrain. Je me retrouve plusieurs fois dans le bureau de Pierre Lescure, devant une vodka tonic, à expliquer la psychologie de Coluche au travail et à entendre le pourquoi des procédures incontournables qu'il doit apprendre à respecter. Lescure tente de faire entrer Michel Thoulouze dans l'équipe pour accoucher avec nous le JT détourné dont ils ont rêvé. Coluche refuse catégoriquement. Pour Lescure, la situation est inconfortable. Il voue une vraie admiration à Coluche et entretient avec lui des relations amicales, mais il doit défendre les équipes de sa télévision naissante et assumer le corporatisme qui nous interdit d'utiliser les images de l'actualité française. Enfin, bon an mal an, l'émission continue. Elle n'est pas l'émission d'actualité démodant les *20 heures* qu'on aurait pu espérer, mais un spectacle rigolo et travesti tournant autour de la personne de Coluche. Il a quand même créé les actualités étrangères post-synchronisées, ce qui est une nouveauté. Au fond, cet essai, s'il est réussi, est un peu décevant. Ce demi-échec vient du fait que Coluche sait très bien que la révolution télévisuelle qu'on lui demande, sans lui en donner tous les moyens, n'est possible qu'en y passant énormément de temps. Ce temps serait forcément pris sur ce qui lui tient le plus à cœur, la création des Restos. Pour lui, il n'y a pas photo.

Du côté des Restos du Cœur justement, l'affaire commence à être prise au sérieux, nous le sentons à la rapidité avec laquelle les rendez-vous de toutes sortes

Campagne présidentielle : sans commentaire. DR.

1983. En sortant des studios de RFM. DR.

Eté 1983. Sur le tournage de Tchao Pantin, Jean-Michel Vaguelsy sur la 350 « tôle ondulée », entre Coluche et Guy Guéri. DR.

Hiver 1985. Toute l'équipe de l'émission « Y en aura pour tout le monde », à Europe 1 : Paul Lederman, Maryse, Ludovic Paris, Coluche, Dominique Esnault, Jean-Michel Vaguelsy et Aldo Martinez. *Télé 7 jours*. Photo Michel Marizy

Février 1985. Le jour de la création de SOS – Racisme.
Coluche et Jean-Michel Vaguelsy. AFP.

Avril 1986. En vacances à l'île Maurice, arrivée à l'hôtel. DR

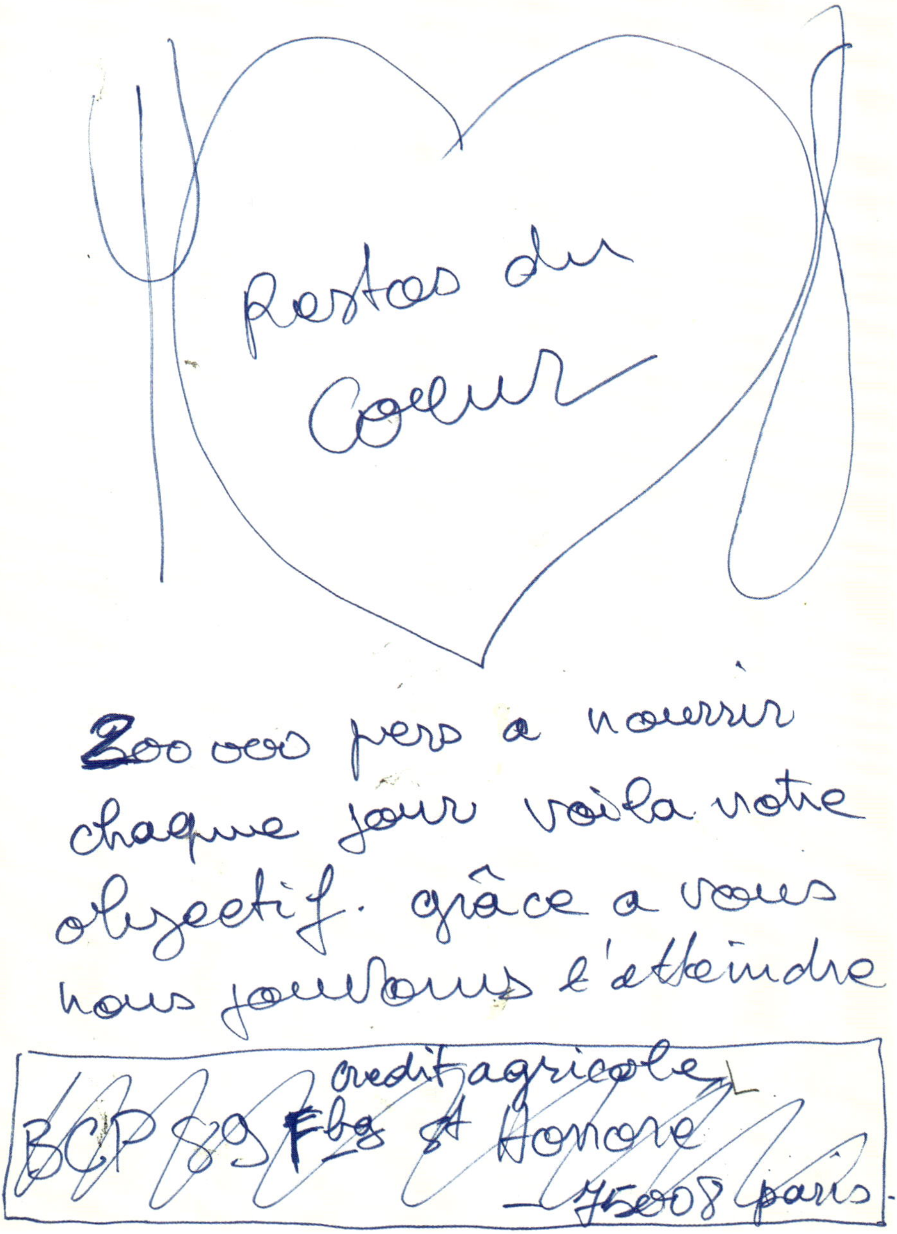

Brouillon d'affiche pour les Restos du Cœur.

sont pris. Un conseiller technique du ministère de l'Agriculture, M. Ruati, a été désigné pour suivre de près la création des Restos du Cœur et nous faciliter la tâche. Anne David, de la Fonda, a décidé d'organiser au pied levé une réunion avec les grandes associations caritatives françaises. Nous nous y rendons, Coluche et moi, conscients que nous allons passer un genre d'examen. C'est en effet la première réunion de travail, en dehors de la sphère médiatique et politique, à laquelle nous participons. Dans un petit local de la rue de Varennes, nous trouvons le président de la Fonda, Frédéric Pascal, Anne David, les représentants du Secours populaire, de l'Armée du Salut, des Petits Frères des pauvres et ceux d'ATD-Quart monde [1], ce doit être à peu près tout. Sur la vingtaine d'associations invitées, sept ou huit sont venues et aucune n'est représentée par son président. En tout cas, une chose nous frappe, c'est que le nom de Coluche ne fait pas beaucoup bouger les foules dans le monde associatif. Après le traditionnel tour de table où chacun se présente, celui-ci entre immédiatement et presque brutalement, comme à son habitude, dans le vif du sujet. Il leur fait son développement désormais rôdé sur le but des Restos et sur le rôle qu'il entend leur faire jouer dans l'aide alimentaire d'urgence. Il explique que les Restos fonctionneront trois mois, le temps de l'hiver, qu'ils n'auront aucun message philosophique ou religieux et qu'à la différence des associations présentes, qu'il respecte, ils feront plus fonction d'un supermarché gratuit que d'une association caritative ajoutant l'écoute et la chaleur humaine à la soupe qu'elle offre aux plus démunis. Bref, les Restos ne sont pas une association caritative de plus, mais une réponse d'urgence et ponctuelle, qui se veut efficace, face à la situation d'urgence que représente l'arrivée massive d'une nouvelle forme de pauvreté.

1. ATD-Quart monde : Aide à toute détresse. ONG internationale fondée en 1957, luttant contre la misère et l'exclusion politique et sociale.

S'ils conviennent avoir constaté eux-mêmes sur le terrain le changement de nature de la pauvreté, la réaction des représentants du monde associatif est froide. D'abord ils soulignent en termes polis qu'ils n'ont pas attendu Coluche pour s'occuper de la pauvreté et que leurs associations se dévouent pour certaines depuis près d'un demi-siècle. Ensuite, ils manifestent leurs doutes sur ce traitement de la pauvreté uniquement distributif, qui néglige le message spirituel ou humain qui est selon eux indissociable de l'apport alimentaire. Enfin, ils déclarent que cette opération médiatisée conduira de nouveaux demandeurs à leurs associations qu'ils risquent de ne pouvoir satisfaire. En clair, cette publicité ne les arrange pas.

Coluche se contient mais ne peut empêcher un : « Vous êtes conne ou quoi ? » à une des participantes. Il démarre agressivement par un : « Vous avez peur que je vous pique vos pauvres ! » et continue plus pédagogue en expliquant qu'il n'a pas la prétention d'une approche globale de la misère et que son ambition se limite à vouloir créer une opération dont le but est de faire que tout le monde mange à sa faim en France, seulement cela mais complètement. Il explique d'autre part que les Restaurants du Cœur seront donnés aux associations une fois qu'ils auront fait la preuve de leur efficacité et que lui se contentera de faire, chaque année, la publicité nécessaire à l'arrivée des fonds. A notre grand étonnement ce « cadeau » ne réjouit pas les participants et l'on se quitte « bons amis » sur la promesse d'une autre réunion, au sommet cette fois, et de la diffusion d'un texte reprenant les intentions de Coluche à l'intention de toutes les associations concernées.

Quelques jours après l'avoir rencontré, le conseiller technique du ministère de l'Agriculture chargé d'épauler nos préparatifs propose à Coluche de lui présenter trois retraités de l'agro-alimentaire qui pourraient nous aider dans la gestion logistique de l'opération. Paul Houdard, Francis Bour et Jacques Mariette sont d'anciens P-DG ou cadres supérieurs spécialistes des problèmes d'approvisionnement. Le premier a été P-DG de Lesieur Algérie, le second est polytechnicien et le troisième ingénieur des Mines. Ils sont aussi différents de nous que peuvent l'être des dirigeants d'entreprise de l'ancienne école de l'équipe de saltimbanques que nous sommes. Au moins pour l'un d'entre eux, ils ont des liens politiques avec le ministère ; Paul Houdard se dit rocardien, et ils ont en commun d'avoir un rôle actif dans un groupe à caractère religieux, la paroisse Saint-Merri à Paris. Les rapports entre Coluche et eux sont déférents mais dénués de complaisance. Ils posent d'emblée les conditions de leur participation. Ils veulent gérer les approvisionnements et la distribution à leur façon, sans aucune ingérence de notre part. A cette fin, ils créent une deuxième association appelée l'Association de Gestion des Restaurants du Cœur. Coluche n'est pas ravi de cette exigence, mais nous savons que le réseau constitué par Alexandre ne peut pas supporter les relations institutionnelles, commerciales et de bénévolat dans les régions, en plus des approvisionnements, du transport, du stockage et de la distribution sans être relayé par une équipe d'expérience à Paris. Nous imaginons d'autre part que le conseil donné par le ministère de les recruter n'est pas totalement anodin, peut-être sont-ils la garantie dont l'Etat a besoin pour s'engager derrière nous. Après une négociation serrée un soir chez Coluche, un accord est trouvé. Un comité stratégique réunissant ces trois hommes, Coluche et moi se réunira chaque semaine à partir du début de l'opération. Ils devront rendre compte de leur action et des problèmes rencontrés et appliquer les directives de Coluche pour les tonnages, les décisions d'achat et le nombre de repas distribués. Ce système fonctionnera comme prévu, même si dès cette époque des petites divergences opposeront leur conception caritative et gestionnaire à la vision de Coluche, distributive et dépensière. Pour le moment les choses doivent se mettre en place et, très vite, malgré quelques frictions avec le réseau des écoles de commerce, le groupe des retraités, comme nous les appelleront désormais, fait preuve de son efficacité.

Dans le même temps, au bureau, c'est une vraie fourmilière. L'énergie dépensée par Coluche, tant sur Canal Plus qu'à la radio pour populariser les Restos, draine des dizaines de personnes tous les jours, venues proposer leurs services. Ce ne sont pas des curieux, ni des groupies, mais des volontés d'agir qui se manifestent. Coluche ayant eu, pour l'affiche, l'idée du cœur avec les couverts, un graphiste amené par Alexandre réalise le logo, le dépose et disparaît. Une délégation des prostituées de la rue Saint-Denis vient pour déposer le montant de la collecte qu'elles ont organisée entre elles, un bowling des quartiers nord de Paris nous offre le montant d'un trophée spécial créé pour la circonstance, etc. Avant même d'exister, les Restos engendrent un enthousiasme et une générosité d'abord populaires. Les institutions et les entreprises viendront après. Cela ne nous empêche pas, un après-midi d'émission, de voir entrer dans le studio, pendant les pubs, Gaston Defferre. Il s'approche de Coluche qu'il n'a jamais vu, se penche à son oreille et lui raconte quelque chose que je devine être une blague. Coluche soulève son casque, écoute et part d'un rire que je connais, celui qu'il réserve aux gens à qui il veut faire plaisir. Gaston Defferre semble ravi de son effet et lui dit, cette fois à voix forte : « Tu m'envoies qui tu veux, à Marseille c'est d'accord pour tes Restos. » Il le tutoie, il ne l'a jamais vu de sa vie et ressort du studio, l'air heureux.

L'emploi du temps imposé par ces trois activités menées de front laisse juste un petit moment avant le dîner pour caser les réunions de travail additionnelles. Ainsi, Anne Coutard vient un soir chez Coluche pour entendre ce qu'il attend d'elle dans la rédaction de sa proposition de loi. Il est 21 heures, nous venons d'arriver de Canal, le reste de la bande est descendu faire un baby-foot pour se détendre. Repoussant les assiettes, nous

nous asseyons tous les trois sur un coin de table de la salle à manger. Elle, intimidée devant cet homme qui est la preuve vivante que les longues années d'étude ne sont pas la seule voie pour s'occuper du sort de nos concitoyens, lui, curieux de cette représentante douce et modeste de la « race » dont il s'est souvent moqué, les énarques. Passé ce court délai d'observation réciproque et silencieuse, il lui demande de rédiger une loi qui permette de déduire de son impôt ce que l'on donne aux Restaurants du Cœur.

Elle oppose trois difficultés. La première, c'est qu'un texte législatif ne peut être fait pour une seule institution sous peine de trahir le principe constitutionnel de l'égalité des citoyens devant la loi. La deuxième opposition vient du fait que, par tradition, la direction du Budget bloque partout où elle le peut toute initiative de crédit d'impôts. Enfin, elle indique qu'à son avis tout ne devrait pas être déduit car il lui paraît important que les citoyens manifestent leur engagement en assumant eux-mêmes une partie de leur don. Sur le premier point il ne veut pas en démordre, car il n'y a que les Restos qui distribuent à manger dans ces conditions et, dit-il, « si on le demande pour toutes les associations, ils ne vont jamais vouloir, ce qui est important c'est de l'exiger pour régler le problème de la faim et seulement cela. Ce que je veux c'est leur mettre le petit doigt dedans [*l'engrenage*], une fois qu'ils l'auront mis, ils ne pourront plus reculer et les autres associations pourront en profiter. » Sur le deuxième point, il hausse les épaules en signifiant que le mouvement qu'il est en train de lancer devrait pouvoir sans trop de difficulté passer au-dessus des traditions du ministère des Finances. Il balaye la troisième opposition en expliquant le fond de sa pensée. Il considère que manger à sa faim est un des droits de l'homme, qu'il appartient à l'Etat de faire respecter. Qu'un service privé plus efficace que l'Etat le prenne en charge c'est une chose, mais que le citoyen paie deux fois alors qu'il a déjà donné son impôt à l'Etat, ce n'est pas logique. D'autant que ce à quoi il voudrait aboutir dans le lointain par cette loi, c'est la possibilité pour chaque citoyen de pouvoir affecter lui-même une petite partie de son impôt aux causes qui lui paraissent justes. Au fond une sorte de démocratie directe de la fiscalité dans laquelle nous pourrions décider nous-mêmes d'une part de l'utilisation des fonds que nous versons à la collectivité pour la collectivité. Ayant entendu ce que Coluche souhaitait, Anne s'en va se plonger dans un travail législatif auquel elle adjoint une amie formée à la même école qu'elle et promet de livrer une première mouture dans les quinze jours.

Dernières vérifications

La première inauguration officielle des Restaurants du Cœur doit se faire à Lille en grande pompe, en présence du député-maire, l'ancien Premier ministre Pierre Mauroy. Pour l'occasion – celle où nous allons enfin voir « pour de vrai » ce dont Coluche a rêvé –, tout le monde se déplace ensemble : Paul, Aldo, Ludo ; ce qui, en fait, nous arrivera rarement. Nous sommes pourtant à un mois de l'ouverture des Restos, mais à Lille la mobilisation populaire a rencontré une bonne volonté évidente de la municipalité. Tout est déjà prêt. Les lieux de distribution, les entrepôts de stockage, les moyens de transport, les denrées non périssables, et même les bénévoles, sont là. Le Nord, dont les traditions de solidarité et d'entraide sont liées à l'histoire sociale et à la position géographique, n'est pas non plus en retard dans le domaine de la communication. Il est vrai que cette région a toujours réservé un accueil particulièrement chaleureux à Coluche, ses spectacles y ont toujours fait salles combles. En tout cas, Lille est la première ville à dérouler le « tapis rouge » et à profiter de l'« aubaine » Coluche en cette fin d'automne 85.

La journée officielle connaît un programme chargé. On nous a ménagé un vin d'honneur en petit comité, à la mairie, dans le bureau de Pierre Mauroy. En dehors des civilités protocolaires et néanmoins chaleureuses, une chose me frappe dans le discours du maire. Il dit à Coluche qu'il soutient totalement son initiative, il l'a prouvé par ce que nous avons vu, mais il ajoute qu'à son avis personne ne souffre de la faim en France. Il est certainement difficile, pour celui qui un an auparavant dirigeait le gouvernement, de reconnaître qu'en France des gens souffrent de la faim. Mais cette réponse, probablement destinée à couper l'herbe sous le pied à une attaque sur sa gestion passée, crée l'effet inverse. En niant ce fait évident, il manifeste au contraire qu'il s'en sent responsable. Ce n'est pas ce que pense Coluche. Il l'illustre plus tard à propos d'une déclaration de Jacques Chirac sur les Restaurants du Cœur au moment de la campagne des législatives de 86.

« *Il* [Jacques Chirac] *a, parce qu'il est en campagne électorale, intérêt à faire croire que les pauvres qu'on nourrit aujourd'hui ont quatre ans d'âge, alors que, vous savez, les mecs qui font la queue chez moi et qui ont quatre ans, y en a pas des masses... Maintenant, s'il fallait redistribuer les pauvres qui existent, c'est certain que les hommes politiques seraient tous en cause, et que c'est leur jeu de se les renvoyer*[1]. »

Parallèlement à cette visite qui nous rassure sur l'état des préparatifs avant l'ouverture du 21 décembre, nous avons un autre sujet d'inquiétude. Nous ne savons pas combien de gens auront besoin des Restos du Cœur. Aurons-nous assez d'argent ? En revanche, ce que nous savons, c'est qu'une partie importante des demandeurs seront des immigrés parce qu'ils sont généralement les premiers touchés par la crise. Coluche sait bien que des agressions sur le thème « les Arabes viennent manger le pain des Français » sont à craindre. Il me demande d'en parler à Louis-Auguste dont il connaît les liens avec le monde arabe pour savoir si quelques grosses fortunes maghrébines ou moyen-orientales seraient prêtes à faire un don substantiel et spectaculaire aux Restau-

1. Coluche. Conférence aux francs-maçons, 27 février 1986.

rants du Cœur. Louis-Auguste contacte le patron de la revue *France-Pays arabes*, Lucien Bitterlin. Ce dernier, ancien dirigeant du réseau gaulliste chargé de lutter contre l'OAS juste avant l'indépendance de l'Algérie, entretient des liens réguliers avec une grande partie des dirigeants du monde arabe. Il répond à Louis-Auguste que l'idée le séduit et qu'il souhaite rencontrer Coluche. Nous voilà donc tous les trois un matin dans les locaux de cette revue confidentielle, lue essentiellement par les chancelleries du pourtour méditerranéen. Coluche explique à Bitterlin qu'un don important aux Restos du Cœur serait un moyen efficace de contredire les discours racistes et les fausses accusations de profiteurs de l'aide sociale dont sont victimes, notamment, les Arabes vivant en France. Celui-ci, totalement d'accord, s'engage à prendre contact avec le directeur de la mission de la Ligue arabe à Paris, quelques ambassadeurs et des hommes d'affaires arabes connus. Il le fera.

Un mois ou deux plus tard, il nous fait part de la réponse négative de ses interlocuteurs. Une des personnes sollicitées lui a répondu par écrit en ces termes : « Je constate que l'effet spontané et saisonnier de cette initiative (21 décembre-21 mars) est disproportionné au coût de l'opération qui se terminera sans aucune trace, la situation des " plus déchirés " revenant à la case départ dès la conclusion de la durée planifiée pour l'initiative. Pour ces raisons, je regrette de renoncer à la participation à ce projet. »

Quelle que soit la nationalité des individus concernés, on constate une fois de plus que « généreux » et « riches » sont des attributs qui vont rarement bien ensemble. Sans connaître cette réponse et sans chercher d'autres réseaux, nous ne nous attardons pas sur cette démarche.

Quelques jours après, c'est le premier grand rendez-vous avec le public, la journée spéciale organisée par Europe 1 le 14 décembre.

Si la visite à Lille a été une répétition générale encourageante, il s'agit maintenant de savoir si la générosité

Paris, le 17 Décembre 1985

Monsieur Lucien BITTERLIN
Président de l'Association de
Solidarité Franco-Arabe
12, rue Augereau
75007 PARIS

Messieurs,

Suite à notre entretien du 10 courant, voici comme convenu un dossier chiffré des RESTAURANTS DU COEUR.

En ce qui est de votre participation éventuelle à ce projet, l'idée nous en est venue à la suite de la réticence de certaines villes au fait que les "immigrés" seraient susceptibles de bénéficier de notre entreprise, au même titre que les "français".

Devant cette ségrégation, nous avons pensé qu'une contribution substancielle de votre part permettrait de faire passer l'idée que la solidarité doit s'adresser à tous, sans distinction aucune.

Pour parvenir à ce but, nous ferons passer le message médiatique de la manière dont nous sommes convenus, en restant à votre entière disposition si vous souhaitez une autre exploitation.

Amicalement,

Michel COLUCHE

Coluche

populaire va répondre à l'appel de Coluche. Ce samedi-là, Coluche est arrivé avant tout le monde. Dès 6 heures, une émission spéciale animée par Philippe Gildas, Maryse et lui permet d'expliquer les objectifs du système qui sera mis en place. Gildas, fortement investi dans l'opération, met tout son talent de journaliste à mettre en perspective les enjeux humains, économiques et sociaux des Restaurants du Cœur. A partir de 9 heures, équipé d'un micro HF, Coluche intervient à peu près toutes les dix minutes dans les émissions suivantes. Il donne des nouvelles de la collecte et ne manque pas de rappeler les coordonnées de la boîte postale ; il s'arrêtera à 13 heures. Au petit matin, on a vu arriver des personnes âgées ayant puisé dans leur bas de laine, certaines avec des enfants qui apportent leur tirelire. Plus tard dans la matinée, la cohorte des vedettes, copains ou jamais vus, se fait de plus en plus dense au fur et à mesure que l'heure avance. Coluche baigne dans le bonheur, il adore les artistes. Il est dans les deux camps en même temps : fan et vedette. C'est peut-être pour cela qu'il donne l'impression d'être multiple, d'être partout à la fois : au premier, au rez-de-chaussée, dans le hall, dans le studio. Il embrasse tout le monde d'une façon douce et fraternelle, anonymes et vieilles connaissances, certain de représenter quelque chose devant quoi nous sommes tous égaux. « L'erreur est humaine, il n'y a que la misère qui est inhumaine », répète-t-il souvent. C'est un défilé hétéroclite, joyeux et recueilli qui s'empresse à Europe 1 ce samedi 14 décembre 85.

Vers le milieu de la matinée, Daniel Balavoine arrive et décide de rester. Pendant que Coluche se déplace sur son « tapis volant », Balavoine nous prend à part et raconte par le menu le système de pompes à eau qu'il s'apprête à mettre en place lors du prochain Paris-Dakar. C'est la dernière fois que nous le verrons. A la fin de la journée, Coluche compte sur la table du bureau 300 000 francs remis en main propre. Nous connaîtrons quelques jours plus tard le chiffre définitif, envoi postal compris : 5 000 000 de francs. Le samedi suivant est prévue l'ouverture officielle des Restaurants du Cœur : nous pouvons faire les derniers achats. Coluche est rassuré.

Une distribution sans suspicion

Le 21 décembre 85, jour de l'hiver, les Restaurants du Cœur ouvrent pour la première fois. Dans la matinée, nous allons assister à la distribution des Restaurants du Cœur de « Paris » qui sont à Gennevilliers. Le maire communiste, Lucien Lanternier, un des premiers à nous soutenir dans la région parisienne, nous a offert un terrain et un chapiteau dans sa ville. La mairie de Paris boude les Restos, qualifiant cette opération de « socialiste ». Le maire, Jacques Chirac, n'a pas reçu Coluche. Celui-ci verra Alain Juppé un mois plus tard pour lui parler de la loi, ils se comprendront. Il y aura, à la fin de cette première année, quatre Restos du Cœur dans la capitale, dont un fourni par l'archevêché.

Pour l'événement, l'équipe est là, au grand complet : Paul, Aldo, Ludo, Alexandre et ses camarades. Nous sommes tous marqués par un monsieur que nous appellerons plus tard le premier « client » des Restaurants du Cœur. Venu avec femme et enfant, bien habillé, presque apprêté, il dit simplement à Coluche : « J'ai faim, j'ai un métier mais j'ai pas de travail. » En dehors de cet échange qui nous impose le silence, il y a peu de monde. Nous avons l'impression qu'avec les journalistes et les bénévoles, nous sommes plus nombreux du côté de ceux qui distribuent que du côté de ceux qui sont venus recevoir. Une partie importante des demandeurs sont des immigrés en majorité musulmans. La proximité des fêtes de Noël aidant, nous avons reçu pour la circonstance plusieurs palettes de boîtes de foie gras. Il nous faut beaucoup de persuasion pour expliquer que ces boîtes ne contiennent pas de porc, une grande partie des gens les refusant. A la fin de la matinée, un peu frigorifiés, et pour ne pas gâcher, avec Paul, Coluche, Aldo, Alexandre, Ludo et les bénévoles, nous mangeons de gros sandwiches au foie gras dont personne n'a voulu.

Le premier jour de leur existence, les Restos du Cœur n'ont pas de succès auprès de ceux à qui ils sont destinés. Le soir, il y aura même des reportages à la télévision affirmant que les Restos du Cœur sont un fiasco et sont inutiles. Mais voilà, les « clients » potentiels des Restos ne passent pas forcément leur temps à écouter la radio ou à lire la presse, l'information circule mal. Là aussi comme ailleurs, nous nous heurtons d'abord à un problème de crédibilité. Dans les semaines qui suivent, le bouche-à-oreille faisant son œuvre, de plus en plus de personnes vont affluer vers les Restos, se rendant compte que ce n'est pas un coup de pub de plus monté sur leur dos, mais un service efficace que Coluche a conçu pour eux.

Le Crédit agricole, à l'époque encore nationalisé, devient notre banque. Les liens entre la banque et son ministère de tutelle, l'Agriculture, sont forts. Coluche et Paul ont été introduits auprès du P-DG, Jean-Paul Huchon. Réputation oblige, Coluche demande à Paul de prendre en main les négociations. Ils obtiennent des conditions très favorables : il faut dire qu'ils trouvent en face d'eux un interlocuteur qui a envie de se laisser « bousculer ». L'argent déposé est rémunéré en permanence, des équipes spécifiques travailleront jour et nuit pour traiter les fonds engendrés par la future émission de télévision du 26 janvier et un don de un million de francs est offert à l'ouverture du compte. De plus, un bureau est mis à la disposition de Paul Houdard, Francis Bour et Jacques Mariette, nos « retraités », dans les locaux du Crédit agricole à Montparnasse. C'est dans ce local et avec ces derniers que se réunit le Comité stratégique. Coluche répond aux problèmes ponctuels posés par la mise en place, prend note des remerciements à faire à l'antenne aux entreprises qui nous ont aidés en termes de logistique ou en dons en nature, et indique précisément la philosophie de la distribution.

« *Je dirais que c'est la forme la plus humaine qu'on ait trouvée. Les paquets qu'on distribue, le papier lui-même en plastique est offert par Carrefour, pour tout vous dire en ce moment, ça change parce qu'ils se relaient... Celui qui vient chez nous, il passe devant un comptoir, il dit ce qu'il veut, il l'emmène, il en prend pour autant de gens qu'il veut, y compris pour sa voisine, personne ne lui demande de vérification quelconque, il emmène tout ça chez lui, et il est obligé de dire à personne qu'on lui a donné, c'est de la nourriture qui a l'air de sortir du Prisunic. Alors, peut-être on peut trouver plus humain comme distribution, mais franchement j'ai pas trouvé* [...]. »

« *Parce que quand j'ai dit qu'il ne s'agit pas de charité, mais de redistribution, il s'agit d'excédents de production alimentaire européens qui sont bloqués pour des raisons économiques capitalistes. Ils sont bloqués de manière à ne pas être écoulés à des cours inférieurs au marché, parce qu'il y en a des quantités excédantes. Donc cet excédent, il appartient à la société, même si vous êtes agriculteur, il appartient à nous tous. Donc c'est normal que ceux à qui la société n'a pas trouvé de travail le bouffent. C'est un minimum. Il s'agit bien de redistribution et pas de charité* [1]. »

---

1 Coluche. Conférence aux francs-maçons, 27 février 1986.

La vision de Coluche est assez éloignée de la pratique caritative sur laquelle repose depuis des siècles les distributions généreuses en France. Il considère que les personnes en difficulté sont adultes et capables de gérer par elles-mêmes ce qui leur est apporté. La pauvreté ne touche plus seulement les marginaux mais des personnes brutalement exclues d'un système devenu incohérent. Coluche n'ignore pas que ceux qui viennent aux Restos font partie d'une population souvent psychologiquement cassée ou touchée par l'illettrisme, mais la pédagogie de son système repose sur la responsabilisation et la dynamique du mouvement. La régulation qu'il propose n'est possible que parce que l'aide est ponctuelle, que les Restos se « vident » à chaque fois complètement et que leur renaissance annuelle engendrera un nouvel élan populaire.

Lors des comités stratégiques, Coluche donne ses consignes mais ne les théorise pas. Ce n'est pas l'heure des débats mais de l'action. Houdard, Mariette et Bour, très vite assistés de Marie Dumas, les appliquent certainement, d'autant que les étudiants du réseau d'Alexandre, plus perméables aux idées de Coluche, sont très présents dans les Restos. De toute façon à ce moment-là, les différences de sensibilité n'ont que peu d'importance, nous sommes tous concentrés vers un seul but, construire les Restaurants du Cœur.

L'homme le plus populaire de France

En attendant, le moteur de cette aventure se situe à Europe 1 et, plus indirectement, à Canal Plus. C'est de là que Coluche souffle sur le bon sens populaire et sur celui, tout aussi aiguisé, des politiques en quête des tendances qui montent. Un après-midi, pendant que Coluche raconte une blague bien salace, le président Giscard d'Estaing entre sans frapper dans le studio. Coluche finit sa phrase, Martial envoie un disque, et l'ancien président demande à Coluche des nouvelles de sa santé. Peut-être l'avait-il trouvé fatigué quand il l'avait rencontré pour la première fois à Courchevel. En lui disant bonjour chaleureusement, Coluche lui répond qu'il va très bien. En partant, Valéry Giscard d'Estaing se tourne vers moi qu'il n'a jamais vu et demande : « Avez-vous besoin de quelque chose pour les Restaurants du Cœur ? » Coluche répond immédiatement : « Nous aider pour la loi et faire quelque chose pour que les villes de droite s'ouvrent aux Restaurants du Cœur. » Il me regarde à nouveau et dit : « Appelez de ma part Pierre-Christian Taittinger, il connaît bien les questions sociales et le monde associatif, il vous aidera. » La venue de Giscard nous touche, nous flatte mais ne nous étonne pas, on n'en est plus là.

Dans cette période, l'emploi du temps de Coluche devient tellement « présidentiel » qu'il est obligé de mobiliser un copain à lui et à Ludo rencontré en Guadeloupe, Jacquot, avec son bimoteur de huit ou neuf places. En effet, la mise en place des Restos dans toute la France oblige Coluche à faire des sauts de puce dans le pays plusieurs fois par semaine en plus de ses obligations quotidiennes à la radio et à la télé. Il y va le plus souvent avec Paul et Alexandre. Ce dernier, avec chaque responsable local des BDE [1], leur sert de poisson pilote. Ainsi à Toulouse, ils arrivent en groupe, Coluche, Paul, Alexandre et ses camarades de l'école de commerce pour convaincre Dominique Baudis d'ouvrir sa ville aux Restaurants du Cœur. La fraîcheur de ce mélange hétéroclite – des étudiants tout feu, tout flamme, le saltimbanque et son producteur – finit par emporter l'adhésion du maire de Toulouse, *a priori* inquiet de prêter le flanc à une opération publicitaire du show business. La bascule de Toulouse dans le camp des Restos lèvera les réticences de nombreuses villes encore tièdes sur l'initiative. Ils reviennent de ces voyages illuminés par l'accueil qu'ils y reçoivent et l'énergie déployée par ces milliers d'inconnus qui se sont appropriés les Restos du Cœur. Parfois, tellement portés par l'enthousiasme de ces rencontres, ils ne reviennent pas à l'heure à la radio. Maryse prend les choses en main, et toute l'équipe fait ce qu'elle peut à l'antenne, désespérément à la recherche de Coluche, qui finit par nous appeler de sa voiture au bout d'une heure d'émission.

A la différence de la campagne présidentielle où il n'y avait rien à donner que de l'espoir, les Restos doivent se structurer en réseau, et la présence de Coluche en est le ciment. Fidèle à sa théorie qu'il faut laisser les autres « jouer avec le jouet » et laisser une place à tout le monde sur la « photo », il se donne et offre sa notoriété

1. BDE : Bureau des élèves.

à partager à ces anonymes qui font les Restos du Cœur. Dès que des bénévoles réclament sa présence à l'occasion de tel ou tel événement, même mineur, Coluche s'y rend. A la différence des puissants, les gens des Restos peuvent avoir Coluche quand ils veulent et s'organiser librement, du moment qu'ils respectent le bénévolat, la gratuité et ceux qui viennent se nourrir. Ainsi, eux chômeurs ou anciens chômeurs devenus bénévoles sont les « copains de Coluche » dans leur région ; ils prennent un pouvoir et acquièrent une respectabilité qu'on ne leur avait jamais reconnus auparavant. C'est cela, être sur la photo et jouer avec le jouet. Quand ils descendent à Bordeaux ou à Marseille, les officiels et les médias locaux les reçoivent comme des chefs d'Etat, mais eux préfèrent s'immerger dans cette nouvelle famille qui les attend. Comme Guy par exemple, bénévole aux Restos du Cœur de Marseille, malade d'un cancer, qui refuse de s'arrêter tant qu'il n'a pas vu Coluche. Il mourra quelques jours après la rencontre qu'il a tant attendue.

Les sondages de l'époque mettent Coluche à un niveau de popularité que peu d'hommes ont atteint. En les lisant au bureau, dans ses petits moments de tranquillité, il en rigole avec une pointe d'amertume. Est-il aujourd'hui si différent de celui qui, il y a moins d'un an, était considéré comme ingérable ? Cette unanimité n'est-elle pas aussi trompeuse que le rejet qu'il a subi ?

Devant le succès des Restos, je ne sais plus qui, de Paul ou de lui, a l'idée de faire une chanson. Ils avaient déjà eu cette idée en 81 pour la présidentielle, mais le projet avec Serge Gainsbourg n'avait pu se réaliser justement à cause du manque d'unanimité suscitée par l'entreprise. Au bureau, une conversation s'engage entre les « spécialistes » de l'équipe dont je ne suis pas, autour du nom de celui qui serait le plus à même de réaliser cet hymne. Coluche met tout le monde d'accord sur le fait qu'« aujourd'hui, le meilleur faiseur c'est Goldman ». Coluche ne connaît pas Jean-Jacques Goldman, il prend contact avec lui et celui-ci décide immédiatement de s'y mettre. Deux jours plus tard, il fait entendre le thème à Coluche. Il ne regrette pas son choix et nous dit qu'il aime, particulièrement, le côté juif d'Europe centrale de cette musique qui fait penser aux danses populaires dans le ghetto. L'idée est de faire parler des personnalités sur un texte simple d'appel à la solidarité de tous. Il souhaite un panachage entre des personnalités des médias et du monde artistique. Les grandes journalistes à la mode se récusent toutes. Elles ne peuvent participer à quelque chose avec celui qui a molesté, d'après elles, leur consœur du *Figaro*. Finalement, elles seront avantageusement remplacées par une actrice de cinéma, Nathalie Baye, un artiste du ballon rond, Michel Platini, un acteur, Yves Montand, et Michel Drucker pour la télévision. Comme nous ne sommes malgré tout que des artisans, la prise de son initiale des voix sera assurée par Coluche « soi-même » qui se baladera plusieurs après-midi de suite avec un petit magnéto portable à la poursuite des emplois du temps chargés de ces personnalités.

La grande émission de télévision destinée à collecter l'argent nécessaire d'ici le 21 mars est prévue pour le 26 janvier. Son principe a été arrêté avec le président de TF1, Hervé Bourges, lors d'un dîner chez Coluche. Malgré l'introduction dont Coluche a bénéficié de la part de l'Elysée, il faudra négocier un peu mais le courant est bien passé entre le président de la première chaîne publique et le saltimbanque nourricier. TF1 a quelques raisons d'avoir des préventions contre lui et ce dîner sert à les lever. Marie-France Brière et Catherine Barma sont chargées de monter cet après-midi spécial consacré aux Restos du Cœur.

Le principe de cette émission, première du genre, est de mettre sur le même plateau, autour de la même cause, des hommes, des femmes, des institutions que, *a priori*, tout sépare. Ils sont tous là, de droite, de gauche, des présentateurs de télévision concurrents qui normalement ne se parlent pas, évidemment les artistes et les radios unies pour la circonstance, offrant leur standard. L'union nationale autour de Coluche et des Restaurants du Cœur en quelque sorte. Presque tous ceux qui représentent un pouvoir médiatique ou politique dans la France de ce début 86 sont là. Avec eux le défilé ininterrompu des bonnes intentions. Sans la présence de Coluche, ce fleuve de générosité n'aurait trompé personne, mais ceux qui promettent devant lui savent bien qu'il aura les moyens de les « dénoncer » s'ils ne tiennent pas parole. Pourtant, quand l'émission commence, il n'y a pas grand-chose hormis l'enthousiasme. Quand Guy Lux appelle le premier standard radiophonique, il n'y a personne au bout du fil, et pour cause : le « deal » d'alliance de toutes les radios n'a pu être finalisé. Paul, de la coulisse, fait de grands signes : « Démarre, dit-il, fais comme si, c'est pas grave, t'inquiète pas, ils vont tous venir. » Au départ, c'est un grand bluff, mais effectivement, au fur et à mesure que l'émission avance, il se transforme en réalité. Ils viennent tous : des invités nouveaux, des radios manquantes, des mairies, des relais de la presse régionale, c'est une marée qui grossit à vue d'œil, un peu comme la célèbre tirade du Cid : « Nous partîmes cinq cents, mais par un prompt renfort... » Cela dit, on y croit tous : les artistes, touchants et accessibles, les téléspectateurs qui donneront 28 millions de francs en quatre heures, nous l'équipe, les gens de la télé, et Coluche qui, à la fin de l'émission, au moment où les machinistes démontent le plateau, assis sur un tabouret dans un coin, pleurera doucement et longtemps en silence. Chacun d'entre nous agrippé à lui par un bout, l'épaule, le cou, la tête, la jambe, attendant avec lui que s'écoule ce qui ne se communique pas.

Avec cette émission, les Restos entrent dans la phase de croisière. 60 000 repas par jour sont distribués, 120 000 fin février. Nous n'atteignons pas encore l'objectif de 200 000 que Coluche a fixé, mais l'efficacité du dispositif est démontré. Tous les jours les Restos font des progrès, distribuent mieux et davantage.

Échanges d'idées en haut lieu

Les élections législatives approchant – elles auront lieu un mois plus tard –, Coluche met toute son attention sur sa proposition de loi. Nous n'avons pas eu de nouvelles des grandes associations, sauf une notable. Joseph Wresinski, fondateur d'ATD-Quart monde, vient nous voir un après-midi au bureau à Europe 1. Assis sur le rebord intérieur de la fenêtre les pieds ballants, derrière le bureau de Coluche, il devise avec lui pendant deux heures sur les moyens d'action contre la misère en général et ceux des Restos du Cœur en particulier. L'homme est concret, direct et chaleureux. Ne le connaissant pas, même de réputation, j'écoute avec surprise son expérience des déjeuners avec les présidents de la République et les déceptions que ce type de rencontre au sommet peut engendrer. Avec l'abbé Pierre, il est la seule personne du monde associatif à manifester une compréhension totale et un soutien sans réserve à la démarche de Coluche.

L'offre du président Giscard d'Estaing s'est vite transformée en acte, et Coluche a rendez-vous avec le vice-président du Sénat, Pierre-Christian Taittinger. Anne Coutard a rendu son travail de rédaction de la loi, et c'est munis de ce précieux document que nous nous rendons un midi au palais du Luxembourg pour déjeuner. Nous apportons à Taittinger notre mouture de proposition de loi afin que ses services l'étudient, l'amendent le cas échéant et se l'approprient avant de la déposer sur le bureau du Parlement. Après deux ou trois mois de maturation, nous sommes arrivés à une version dans laquelle Coluche propose que cette loi s'applique à toutes les associations d'aide alimentaire gratuite et que le crédit d'impôt soit de 70 % de la somme versée. A un ou deux détails près, Taittinger la reprend telle quelle et elle sera déposée avant la fin de la législature, comme promis, mais malheureusement pas votée.

En sortant du Sénat, qu'on nous a fait amplement visiter, Coluche me tient par l'épaule : le besoin de se serrer l'un contre l'autre devant ce que nous croyons être un accomplissement. Tandis que nous traversons la rue de Vaugirard la tête dans les nuages, une voiture freine pour nous éviter pendant qu'il me dit : « Tu te rends compte, j'ai pas mon certificat d'études et il va y avoir une loi qui portera mon nom. »

C'est la droite, en tout cas le groupe des Républicains Indépendants, qui réagit le plus vite sur la loi Coluche. Mais comme me dit celui-ci : « Le seul moyen de ne pas être récupéré, c'est d'être récupéré par tout le monde. » C'est pourquoi nous voyons tout le monde en ce mois de février 86. Nous n'avons aucune raison de bouder les députés socialistes, qui nous proposent eux aussi, mais après, une rédaction de la loi Coluche, ni de refuser un rendez-vous avec la chargée de mission aux Affaires sociales de l'Elysée, Ségolène Royal, ni même de ne pas rencontrer Alain Juppé à la mairie de Paris. C'est un lieu commun de dire que la capacité d'écoute des politiques se décuple avec l'approche des élections, mais c'est vrai. Le groupe socialiste de l'Assemblée nous reçoit de manière studieuse mais tergiverse sur des points de droit dont je ne me souviens plus aujourd'hui. Il est vrai que malgré la prochaine cessation des travaux de l'Assemblée, ils ont plus de chance que le Sénat de faire passer une loi et que leurs exigences sont une preuve de sérieux.

Ségolène Royal nous offre un petit déjeuner à l'Elysée, dans son bureau, en présence d'un inspecteur des Finances. Ce dernier oppose à Coluche l'absence de contrôle des revenus des bénéficiaires des Restos du Cœur et donc la fraude potentielle. Il souligne d'autre part que la popularité de Coluche peut entraîner un nombre tellement important de donateurs, profitant de ce crédit d'impôt de 70 % du don, qu'il y aurait risque de déséquilibrer les finances publiques. La chargée de mission réprimande devant nous ce haut fonctionnaire, mais nous découvrons à cette occasion que devant l'administration des Finances, les politiques ne pèsent pas toujours lourd. En tout cas rien n'est fait avant les élections.

Malgré la remontée des socialistes au dernier moment, les sondages donnent la droite gagnante pour ces élections de mars 86. C'est donc en pensant rencontrer un futur membre du gouvernement que Coluche voit Alain Juppé en février. Je n'assiste pas à l'entretien. Coluche me dit qu'il l'a trouvé sympathique et que la rédaction de la loi proposée par Juppé correspond en tous points à ce que nous demandons. Le document qui nous est envoyé par ses services peu après le confirme sans équivoque. Dans les semaines qui suivent, Alain Juppé est nommé ministre du Budget dans le gouvernement de Jacques Chirac, mais la loi ne fait pas partie de ses priorités. Nous avons fait ce que nous avons pu avant les élections de 86 et Coluche me dit : « On l'aura cette loi, je leur lâcherai pas la chemise. » Les choses seront plus compliquées que prévu.

Autant il est clair que l'on « rame » avec cette proposition de loi, autant les réussites de la distribution de nourriture renforcent les soutiens existants et en engendrent de nouveaux. Le ministre de l'Agriculture, Henri Nallet, invite Coluche et son staff à un dîner officiel un soir au ministère. Y participent les spécialistes retraités de l'agro-alimentaire, Houdard, Bour, Mariette ; les saltimbanques, Coluche, Paul, Alexandre et moi-même. De son côté, le ministre est entouré du conseiller technique chargé de suivre les Restos et de l'artisan secret de ces relations privilégiées, militante dévouée à la cause des Restos du Cœur, son attachée de presse, Judith Vincent.

Malgré le décor un peu solennel de la salle à manger du ministre et le service protocolaire de ce dîner, l'ambiance se détend vite. Tout est fait pour nous mettre à l'aise, et l'on sent que Nallet a une sympathie teintée d'admiration pour Coluche. Les discussions vont bon train, Coluche parle beaucoup comme d'habitude, mais le ministre a droit à son écoute amicale dès qu'il intervient. Il nous apprend qu'il a agi auprès de l'Office national des viandes pour que le bœuf que nous achetons soit désormais facturé désossé. Ce changement diminue sensiblement le prix du repas pour les Restaurants du Cœur. Coluche est devenu compétent sur l'agro-alimentaire et discute avec aisance des règlements nationaux ou européens qu'il faudrait modifier pour rendre l'action des Restos plus efficace. Henri Nallet semble s'amuser de pouvoir parler sérieusement technique avec le premier clown de France. Il nous fait un cours brillant sur les multiples problèmes auxquels se heurte la volonté politique d'éradiquer la faim dans le monde. Il sait de quoi il parle puisqu'il est président du Conseil mondial de l'alimentation [1]. Ce discours nous conduit au café et Coluche, totalement absorbé par cette discussion passionnante, sort de sa poche une grosse plaquette de hachisch. Nallet continue son discours enflammé sur les initiatives locales d'autosuffisance dans le tiers monde que des distributions massives et aveugles d'aliments risqueraient d'étouffer. Pendant ce temps, Coluche brûle consciencieusement son « bout de shit », colle ses trois feuilles et prépare

1. Le Conseil mondial de l'alimentation a été fondé en 1974 par les représentants des principaux pays pour résoudre de manière concertée et urgente le problème de la malnutrition dans le monde. Henri Nallet en a été le président en 1985.

son mélange sous le regard fixe et la respiration soudain saccadée de la femme du ministre. Ce dernier, bridé par sa fonction officielle, ne peut toutefois pas réprimer un sourire.

Cette soirée nous a fait plaisir, nous y avons appris de bonnes nouvelles. En sortant du ministère, nous n'avons pas envie de dormir et nous éprouvons le besoin de débriefer ensemble ce moment savoureux. Comme pour se débarrasser d'un trop-plein de sérieux, nous décidons d'aller tous les deux boire un coup chez Castel.

La phase d'action intensive commence à se calmer. Nous passons plus de temps à récolter les fruits des efforts passés qu'à gérer l'immédiat. Cela repose, car nous commençons tous à être fatigués. Je mets à profit nos moments de solitude pour « tanner » Coluche sur l'avenir. C'est souvent un trajet à deux en voiture qui se prête le mieux à ce genre d'échange. Nous sommes à un mois de la fermeture des Restos du Cœur, il est temps de se demander ce que l'on fait après. L'idée qui paraît la plus logique est de créer une fondation, puisque Coluche n'a pas varié dans son intention de laisser gérer les Restos par les associations dans l'avenir. Cette Fondation du Cœur réunirait toutes les associations qui distribuent à manger gratuitement. Ainsi, profitant du réseau d'approvisionnement et de distribution mis en place, elle permettrait de faire profiter tout le monde des prix d'achat très bas auxquels les Restos sont arrivés. Coluche en devenant naturellement le président, il ferait en sorte, par son action médiatique et grâce à la loi, d'assurer un financement suffisant pour toute l'aide alimentaire en France. Anne Coutard est chargée d'en rédiger les statuts, mais le fait que la création d'une fondation soit soumise à une décision du Conseil d'Etat, très longue à obtenir, nous fait repousser l'idée à plus tard. Il est en tout cas sûr d'une chose : l'année prochaine les Restos devront se gérer seuls, lui s'occupant seulement de pourvoir à leurs besoins.

« *Je ne suis pas le premier à avoir eu cette idée, je suis le septième. Ça veut dire que la première loi qu'on a envoyée, elle date de 1956... Sur la constatation du fait que les plus généreux sont les moins riches, il fallait donc faire une loi qui soit incitative pour les moins riches à donner aux associations... Ça veut dire que six fois on a enterré le député de la Creuse. Moi, je pense que je vais être plus difficile à enterrer... parce que j'ai pas l'intention d'arrêter ma carrière en même temps que les Restaurants du Cœur, et qu'ils n'ont pas fini de m'entendre... De toute manière, il y a un truc qui est sûr, c'est que j'ai trouvé un créneau là-dedans, tant que je parlerai au public, je leur parlerai de ça. Je leur parlerai de la possibilité qu'ils ont de débarrasser le pouvoir de ce qu'il ne fait pas ou de ce qu'il fait mal. Ça, c'est mon intention. J'aime autant vous dire que pour 1988, j'ai une idée sur le chômage qu'ils vont avoir du mal à ne pas accepter. Parce que s'il y a un truc qui n'est pas populaire, c'est bien le chômage* [1]. »

En cette fin février 86, le chômage est reconnu comme la plaie que personne ne semble savoir guérir en France. On parle beaucoup au cours de la campagne législative de revenu minimum social, futur RMI. Coluche est contre. C'est en cherchant une place de parking autour de chez lui, un soir, qu'il me fait part de sa pensée. Ce revenu minimum que les socialistes veulent et finiront par mettre en place lui paraît contenir plus de désavantages qu'autre chose. Il considère qu'il va enfermer ses bénéficiaires dans un assistanat de survie dont ils ne pourront pas sortir et qui leur bouchera encore plus les voies de retour au monde du travail. Son idée est de permettre à ceux qui n'ont plus rien d'aller travailler chez ceux qui ont quelque chose. En somme, un système d'échanges direct entre les gens, sorte de travail au noir légalisé qui aurait au moins pour conséquence de maintenir les liens entre ceux qui ont du tra-

1. Coluche. Conférence aux francs-maçons, 27 février 1986.

vail et ceux qui en sont exclus, donc de multiplier les chances de réinsertion. Les Restos du Cœur « vivant leur vie », c'est de cela qu'il veut s'occuper à l'avenir. La conversation dans la voiture sera courte car on a fini par trouver une place pour se garer. Nous n'aurons plus jamais l'occasion d'en parler.

Quelques jours plus tard, je suis demandé au bureau par un certain M. Dalmas, qui m'appelle de la part d'un associé de l'époque où je m'essayais sans trop de succès dans les affaires, Daniel Anémian. Louis Dalmas est Vénérable d'une loge maçonnique et souhaiterait inviter Coluche pour une conférence au Grand Orient de France. Ma connaissance de la maçonnerie est assez floue. Intrigué, je prends rendez-vous avec ce monsieur pour savoir un peu mieux de quoi il retourne. Comme tous les profanes, j'ai une vision contrastée de ce mouvement qui prend ses racines très loin dans l'histoire. Je sais que les Républiques successives leur doivent pas mal de lois, mais, comme beaucoup, je me demande pourquoi leur action et leur appartenance sont toujours entourées de secret. Je parle évidemment de cette prise de contact au principal intéressé, qui me demande de lire d'urgence un bouquin sur la maçonnerie et qui me propose de rencontrer Dalmas avec moi. Je ne sais plus où la rencontre préparatoire se fait mais je me souviens que Louis Dalmas nous présente son mouvement d'une manière propre à calmer nos réserves. Quand on lui dit « secret », il oppose « discret » et surtout il se présente comme un des pionniers de l'édition érotique et pornographique. Cela rassure. La maçonnerie représentée par ce personnage sympathique, cultivé et ouvert ne fait vraiment pas penser à une secte. Coluche, séduit, accepte l'invitation. Dalmas lève ses dernières réticences en expliquant que le rituel n'est qu'un outil destiné à faciliter les travaux de réflexion. Deux rendez-vous sont nécessaires pour décider du thème de l'intervention. Ce sera « Les nouveaux pouvoirs ». C'est de cette conférence que sont extraites la majorité des citations reproduites dans ce livre. Le 27 février, Coluche, Paul et moi arrivons rue Cadet au siège du Grand Orient de France. Coluche est happé par nos hôtes, tandis que Paul et moi, interdits d'entrer dans le « temple », devons attendre au restaurant situé au dernier étage de l'immeuble. A sa sortie, Coluche est badin et détendu, l'« examen » a été plus facile que prévu. Il blague avec ses interlocuteurs qui, sur le même ton, lui proposent d'intégrer leur obédience. On lui précise toutefois qu'un maçon débutant doit se taire pendant une année. « C'est pas grave, répond-il, je vais m'inscrire l'année dernière. »

Le président chez soi

C'est quasiment le lendemain de cette « tenue mixte, blanche, fermée [1] », que Jacques Attali appelle Coluche au bureau pour l'informer que François Mitterrand serait ravi d'être invité à déjeuner chez lui. A charge pour lui de décider des autres convives. Le rendez-vous est pris pour le 5 mars à 13 heures. Coluche décide de convier Paul et moi à ce déjeuner officieux. Je dois dire que lorsqu'il me fait part de cette invitation, de manière anodine comme à chaque fois qu'il fait un cadeau, je suis excité comme un gamin. Lui aussi. Le jour dit, j'arrive une heure en avance rue Gazan, une grosse moto est garée devant chez lui et deux hommes à forte carrure font les cent pas devant sa porte. Paul est déjà là, Coluche règle la mise en scène avec la cuisinière à qui il a acheté un tablier à l'effigie caricaturale de Giscard. Evidemment elle devra le porter. L'heure approche, Coluche roule un pétard. Paul lui déconseille d'attendre l'arrivée du président pour l'allumer. Il faut discuter un peu, mais l'argument selon lequel c'est lui qui reçoit et qu'en conséquence la provocation n'est pas de mise finit par le convaincre. A 13 heures 10, les propos nasillards émanant du talkie-walkie de l'homme en

1. Tenue mixte, blanche, fermée : il faut comprendre conférence ouverte aux hommes et aux femmes, tenue par un profane et réservée aux maçons.

faction dans la courette devant le perron nous préviennent : la voiture présidentielle est en vue. Trois minutes encore et Jacques Attali, sa femme Elisabeth et un homme que je n'imaginais pas si petit, ni avec un visage si parcheminé, traversé par des yeux perçants, entrent dans la pièce. C'est le président. Visite de la maison, Attali me prend à part pour me demander si, comme convenu, nous avons gardé le secret sur ce déjeuner. Je lui assure que oui en rougissant, alors que dès la veille, Coluche en a parlé à qui voulait bien l'entendre à la rédaction d'Europe 1, histoire de les faire bisquer. Attali me dit d'une voix qui ne supporte pas la contestation : « Le président ne veut absolument pas que l'on puisse penser qu'il veut récupérer les Restaurants du Cœur une semaine avant les élections. » Je suis de plus en plus mal à l'aise. Plus tard, je comprendrai la différence entre ce que l'on dit fort et ce qu'il faut vraiment comprendre.

Nous sommes six autour de la table, eux trois, nous trois. Paul est détendu, aussi à l'aise que d'habitude. Coluche est identique à lui-même, mais avec une pointe de premier de la classe. La conversation s'engage sur l'explication biblique du prénom de la dernière fille des Attali. En quelques minutes, Mitterrand nous entraîne, admiratifs, dans sa connaissance profonde de l'Ancien Testament. Je suis très impressionné par la situation et j'ai le sentiment que chaque fois que j'ai quelque chose à dire, si l'idée semble évidente, les mots pour le dire se défilent lâchement devant moi. Je reste muet. Au moment où Paul demande à François Mitterrand quels sentiments lui inspire l'arrivée probable de députés lepénistes au Parlement, j'arrive à décocher une phrase sur la constance de l'extrême droite en France, qui pourtant n'a jamais réussi à elle seule à déstabiliser la République. Cela me vaut un « très juste » charitable de la part du président.

Coluche enchaîne tout droit sur les relations avec Rocard. D'un ton réconciliateur, il annonce que lors du déjeuner où il a fait sa connaissance, il a soulevé la question et que ce dernier a dit beaucoup de bien du président. Il conclut en affirmant qu'à un moment donné ils devront bien se décider à gouverner ensemble et qu'en tout cas c'est ce que les Français attendent. Il obtient une réponse bienveillante mais courte.

Coluche relate ses impressions sur sa récente conférence devant les francs-maçons. Il s'attendait, dit-il, à des questions plus pointues de ce qu'il croyait être le laboratoire des idées de la République. Il ne s'est pourtant jamais exprimé aussi longuement et de manière aussi exhaustive sur le sens et les raisons de son action. François Mitterrand fait une moue et explique les nombreuses difficultés qu'il a rencontrées pour se débarrasser d'un préfet haut placé dans la maçonnerie lorsqu'il était ministre du gouvernement Mendès France. Il ne s'étend pas plus sur le thème.

Quand on arrive au sujet incontournable de la probabilité de la victoire de la droite aux élections, le geste devient plus ample, la voix plus forte et l'œil plus perçant encore. Le président nous rappelle qu'ils ne sont que cinq dans le monde à posséder le pouvoir de mettre la planète à feu et à sang. Que la responsabilité énorme que donne ce pouvoir lui impose de ne pas rester en dehors des décisions qui concernent le pays. Il nous indique sans détours dans quel état d'esprit il aborde la future probable cohabitation. Attali, grâce à son intimité relative avec les deux « poids lourds » du déjeuner, Mitterrand et Coluche, fait les relances. Indiquant à l'un et à l'autre des informations sur leur vie, que leur modestie respective empêche de divulguer par eux-mêmes, il amène progressivement la conversation sur des sujets moins impersonnels. Je découvre à cette occasion la nature de la relation entre François Mitterrand et Jacques Attali. Chacun a sa place : distance respectueuse, vouvoiement et déférence. Et non pas, comme nous l'imaginions parfois avec Coluche dans les moments où l'on ne doute de rien, une bande de potes rigolant entre eux du coup fumant qu'ils ont réussi. Si la rencontre est possible, il est clair qu'entre eux et nous il y a un monde.

Paul parle d'une compilation de musique classique qu'il vient de sortir, à l'époque première du genre; Coluche raconte son record de vitesse à moto, Mitterrand parle de son record de vitesse en Concorde et reproche à Coluche la vulgarité de certaines blagues diffusées le matin sur Europe 1. Il nous informe que le jour même il a coupé le cordon ombilical qui relie les radios périphériques à l'Etat en décidant de vendre Europe 1 à Hachette.

Un policier entre dans la maison et lui dit à l'oreille qu'il doit rappeler d'urgence le Premier ministre. Il s'excuse, demande à Coluche d'où il peut appeler, nous nous éloignons. Nous comprendrons le soir même par le journal télévisé que c'était pour l'informer de la mort de Michel Seurat, un des otages français au Liban.

Vers 15 h 30, Paul repart chez lui, Coluche et moi, particulièrement euphoriques, quittons la rue Gazan pour nous rendre à Europe 1 en courant, – l'émission commence à 16 heures. On n'a pourtant pas bu grand-chose, mais par les fenêtres ouvertes de ma Lancia déglinguée, nous chantons à tue-tête : « Nous, on a mangé avec le président, nous, on a mangé avec le président », en apostrophant les automobilistes au feu rouge. Enivrés par cette rencontre, nous nous comportons comme des fans se pâmant devant leur star favorite. Peut-être avons-nous vécu le comble du sentiment de reconnaissance que même un homme comme Coluche a besoin de rassasier. Quelque temps après ce déjeuner, il évoque le président en l'appelant le timbre. Je lui demande pourquoi : « Mitterrand, c'est un timbre, parce qu'il suffit de passer derrière pour rester collé. »

Récoltant ensemble les honneurs issus de la réalisation de nos rêves communs, nous sommes à cette époque très proches l'un de l'autre, mais qui dit proches dit plus susceptibles de se dire des choses qui touchent ou parfois qui blessent. Dans les jours qui suivent ce « couronnement de notre carrière de militants » comme il le souligne, je lui confie, là encore pendant un trajet en voiture, mon sentiment sur ce que nous vivons : « On a fait les Restos, on est bien payés, on se fait plaisir à la radio et à la télé, si les choses restaient telles qu'elles sont aujourd'hui, cela me suffirait, je n'ai pas besoin de plus. » La réaction de Coluche me tombe dessus comme un coup sur la figure. Il m'engueule franchement.

« T'es con ou quoi, tu as une mentalité de fonctionnaire, on peut pas dire j'ai pas besoin de plus ou alors on avance pas. On est dans un métier où il n'y a que la prise de risque permanente qui fasse avancer. C'est comme les mecs qui réclament le chômage pour les artistes, ils me font rire. S'ils veulent le chômage, c'est qu'ils ne sont pas artistes... Il y a plus de deux milliards et demi sur le compte des Restos du Cœur, on pourrait se barrer avec en Amérique du Sud. – Mais tu n'a pas pensé vraiment à cela ? – lui dis-je, choqué. Si, bien sûr, mais le problème n'est pas là. Ce qu'il faut comprendre, c'est qu'il ne faut pas se contenter de ce que l'on a sinon on fait rien. »

Un peu assommé par cette conversation, je ne la digère pas tout de suite. Je sens bien qu'il a raison et qu'il a vu en moi, à ce moment-là, une tendance à l'autosatisfaction selon lui bien plus nocive qu'une pensée malhonnête. Peut-être aussi l'image de saint laïque qu'on est en train de faire autour de son nom lui déplaît-elle et il n'a pas envie qu'on en soit dupe.

Les législatives sont gagnées par la droite. Dès le lendemain du second tour, Coluche décide d'écrire à Mitterrand et à Giscard. Au président, pour lui dire qu'après avoir combattu la droite il va la commander. A l'ancien président pour le remercier de l'aide apportée et souligner le rôle essentiel d'« équilibre » que, selon lui, il doit jouer dans l'avenir.

M. Valéry GISCARD D'ESTAING
66, rue Blatin
63000 CLERMONT-FERRAND

Paris, le 18 Mars 1986

Monsieur le Président,

Juste un petit mot pour vous remercier de l'aide efficace que vous nous avez apportée pour les Restaurants du Coeur, par l'intermédiaire de M. TAITTINGER, sur qui je compte d'ailleurs dans l'avenir.

Je voulais aussi vous féliciter pour l'excellente campagne que vous avez menée. J'ai été ravi de retrouver à la télévision le Président qui nous avait séduit en 1974.

Nul doute que vous participerez efficacement à rendre à la France l'équilibre qui lui manque.

Au plaisir de vous rencontrer à nouveau.

Je vous prie d'agréer, Monsieur le Président, mes salutations respectueuses.

COLUCHE

Coluche

Monsieur François Mitterrand
Palais de l'Elysée
90, rue du Faubourg-St-Honoré
75008 PARIS

Paris, le 18 Mars 1986

Monsieur le Président,

Mes camarades et moi avons été très honorés de vous recevoir, nous regrettons juste que ça ne soit pas plus souvent ! C'est l'aboutissement d'une carrière de "militant" que d'approcher son Président.

Vous m'avez encore épaté à la télévision et je pense que vous atteindrez 65 % de popularité avant la fin de l'année (plus fort que Reagan !).

Vous avez battu la droite en 81, maintenant vous allez la commander jusqu'en 88, je ne vous dirai qu'un mot : Bravo, continuez ! c'est super !

Je fais partie de ceux qui comptent sur vous et sur qui vous pouvez compter.

Au plaisir pressé de vous rencontrer à nouveau.

Je vous prie d'agréer, Monsieur le Président, mes salutations respectueuses.

COLUCHE

Le 21 mars arrive, les Restos du Cœur ferment leurs portes. En trois mois, 5 000 bénévoles ont distribué 8,5 millions de repas dans 630 centres répartis dans 200 villes de France.

Pour ce dernier jour, Alexandre Lederman et ses camarades organisent une fête à Gennevilliers. La pluie fait fuir les spectateurs et endommage une partie du matériel de sonorisation. Cela engendre quelques frais pour les Restaurants du Cœur. Les « retraités », Houdard, Bour et Mariette, en profitent pour exiger le contrôle total sur le réseau de distribution et, de fait, écarter le noyau parisien des écoles de commerce. Alexandre ne reviendra plus. C'est le premier départ d'un des fondateurs des Restaurants du Cœur.

Le 31 mars, nous partons en vacances pour trois semaines, entre garçons, sans nos femmes. Nous avons du mal à dissoudre le groupe. Destination l'île de la Réunion, puis l'île Maurice. Aldo, Ludo, Nono, Coluche et moi dans une première fournée. Maryse et Philippe Gildas nous rejoignent à Maurice pour la deuxième partie. Comme le dit Aldo, « le bonheur, ça ne s'explique pas, ça le gâche ».

La route des étoiles

Au retour de ces vacances, Coluche invite à dîner tous ceux qui, à Paris, ont assumé une responsabilité dans les Restos. Il me charge de retenir une salle à la Closerie des Lilas et offre au dessert un petit cadeau à chacun. Ce repas dans un restaurant de luxe de la capitale pour remercier tout le monde marque également sa volonté de ne pas tomber dans cette idéologie culpabilisante selon laquelle s'occuper de la misère imposerait de renoncer à jouir des plaisirs de la vie. On peut être un jouisseur et aimer son « prochain ». Ce n'est évidemment pas l'argent des Restos qui paye la note mais le compte en banque personnel de Coluche. On est loin de la leçon de choses déguisée en provocation qu'il m'a donnée dans la voiture.

Quelque temps plus tard, il va voir où en sont les « retraités », Houdard et ses collègues, dans la clôture des comptes de cette fin de campagne de la première année des Restaurants du Cœur. Il veut savoir combien il reste d'argent. On lui annonce qu'il reste à peu près 1,8 million de francs. Conformément à sa philosophie selon laquelle les Restos du Cœur ne doivent pas thésauriser mais tout donner, il veut récupérer cette somme pour la donner à ceux qui en ont le plus besoin. Paul Houdard le convainc de ne pas tout prendre, car il reste des reliquats de factures non payées et il doit garder de quoi y faire face. C'est finalement 1,5 million de francs que Coluche arrache à son « ministre des Finances », qu'il s'en va immédiatement porter à l'abbé Pierre dans sa retraite, pour son action en faveur de ceux qui n'ont pas de logement.

Pour Coluche, c'en est fini des Restaurants du Cœur, les beaux jours arrivent et Claude Martinez lui a dégoté une belle villa dans l'arrière-pays niçois, à Opio. Il descend avec toute la bande prendre ses quartiers d'été. Il fait des apparitions au festival de Cannes et s'enferme pour écrire le spectacle qu'il jouera au Zénith à la rentrée de septembre. Aldo, Ludo, Didier Lavergne et d'autres copains sont en « bas » avec lui et il partage son temps entre la plage, l'écriture et la fête, en cette fin de printemps provençale. La « petite Fred » descend souvent le voir avec le petit chien qu'il lui a offert, Arthur. Il garde « l'échantillon », un bouledogue français, pendant la semaine dans la villa et installe un tapis rouge de la cuisine à la piscine pour que le petit animal ne s'abîme pas les coussinets des pattes sur les graviers du jardin. Il se passionne depuis peu pour le stock-car et monte à Paris chaque fois que nécessaire pour participer à une compétition.

Moi, je suis resté à Paris et j'ai entamé à sa demande des pourparlers avec des grandes marques d'agroalimentaire, en vue de monter un système de sponsoring pour les Restos du Cœur. Le week-end du 15 juin, nous nous voyons rue Gazan. Je lui rends compte des rendez-vous que j'ai eus pour accrocher des grandes marques aux Restos. Nous discutons de la loi et il m'informe qu'il utilisera la tribune que lui offrira le Zénith en septembre pour arracher la loi au nouveau gouvernement et que de toute manière « il ne leur lâchera pas la grappe ». Nous zappons sur plusieurs sujets et nous atterrissons, je ne sais comment, sur la différence entre optimiste et pessimiste. Il m'explique que le sens commun considère les choses à l'envers. « Moi qui suis optimiste, je dis que la vie est longue et chiante et que c'est le pessimiste qui la voit bonne et courte. » Comme souvent, je m'oppose, je m'accroche et je finis par comprendre ce qu'il veut dire. Il faut réaliser beaucoup de choses pour occuper le temps qui nous est imparti, si l'on ne veut pas que la vie soit trop « chiante ». Le fait qu'il me dise ce jour-là qu'il ne considère pas la vie comme un cadeau me tracassera longtemps.

Soudain, il me demande ce que je pense d'Yves Mourousi. Ne le connaissant que très peu, je n'ai pas grand-chose à dire. Il me dit qu'il a discuté avec lui et que ce dernier lui a fait part de son désir secret de se présenter un jour à la présidentielle. Il ajoute que Mourousi connaît tous les dirigeants de ce monde, qu'il est très cultivé et qu'il a une vision moderne proche de nos idées et que ce serait certainement une bonne idée de le soutenir. Je me récrie, incrédule à l'idée qu'il puisse envisager de rouler pour qui que ce soit, mais je le sens, comme dans d'autres rares circonstances, doutant de lui-même. A court d'arguments, je lui dis : « Posons trois mots : élection présidentielle, Mourousi, Coluche. A ton avis, à qui on pense ? » En guise de réponse, j'obtiens : « En 2002, quand je serai vieux peut-être. » Il attend des copains pour regarder sur l'écran géant qu'il vient d'acheter le quart de finale de la Coupe du monde de foot, je préfère rentrer chez moi. Nous nous embrassons tendrement.

Le mercredi 18 juin, alors qu'il est redescendu depuis trois jours à Opio, je l'appelle dans l'après-midi pour lui demander ses directives avant le rendez-vous que j'ai le lendemain à 17 heures avec la boîte de communication qui représente les potages Liebig. J'ai le feu vert pour signer avec eux un contrat dans lequel ils apposeraient le logo des Restos du Cœur sur les boîtes de potage en échange d'un pourcentage sur chaque boîte vendue. Comme j'en ai un peu marre de Paris, je lui demande s'il y a de la place pour moi dans la villa et j'ajoute que je prendrai la route sitôt signé le protocole avec les gens de Liebig. Romain et Marius devant arriver pour le week-end, ce n'est pas si simple mais on se débrouillera, me dit-il.

C'est la dernière fois que je l'entendrai. Le lendemain 19 juin à 17 h 30, en sortant de l'agence de pub intermédiaire où j'ai signé en son nom le premier contrat de sponsoring des Restaurants du Cœur, la moto prête à prendre la route, une amie vient à ma rencontre place Victor-Hugo, le visage grave. Et le monde bascule.

Retour à Montrouge

Quelques heures plus tard, nous nous retrouvons à Orly avec Paul et Claude Martinez, nous prenons le dernier avion pour Nice. Comme toujours dans ces moments-là, on refuse d'abord la réalité et c'est avec le secret espoir de faire éclater cette mascarade insupportable que je monte dans l'avion. Aldo nous attend à l'arrivée, une cigarette au bec. Il avait arrêté depuis un an. C'est bizarrement ce signe qui me confirme ce que je refuse de croire. Il est accompagné d'un grand type que je ne connais pas, qui nous serre dans ses bras. Ils nous amènent à une grosse voiture sur le parking de l'aéroport et nous conduisent vers la villa. Dans la voiture, Aldo nous désigne l'inconnu comme un ami. Il a rencontré Michel il y a quinze jours, présenté par Eric Courly, il s'appelle Pierre Botton. Nous arrivons à la villa, tout le monde est là, effondré. Pierre s'occupe de tout, il semble avoir pris les choses en main. Qui est cet homme qui se comporte comme s'il était de notre « famille » alors que quinze jours auparavant personne d'entre nous n'en avait entendu parler ? Je n'en sais rien. Mais, à part Paul qui lui manifeste visiblement sa défiance, personne n'a l'air de s'en soucier. En tout cas, il a l'air gentil et il est efficace.

Paul nous réunit et dit : « Maintenant que Michel est parti, il n'y a rien à retenir ou à cacher, et nous allons lui faire des funérailles nationales. » La nuit se passe sans dormir, Ludo et Didier nous racontent mille fois sans comprendre le film des événements de la journée. Personne ne comprend.

Le lendemain matin, les tâches sont réparties. Pendant que Ludo et Aldo rangent les affaires de Coluche et choisissent les vêtements avec lesquels on va l'habiller, je suis chargé d'aller à l'athanée de Grasse. Paul et Claude m'y déposent et s'en vont remplir différentes formalités auprès des pompes funèbres. Je suis de garde pour recevoir les appels, les visites éventuelles et empêcher les photographes indélicats de faire un cliché de sa dépouille mortelle. Ils ont été plus rapides que nous et nous la trouvons déjà à la une de *Nice-Matin* du jour. Paul joint le directeur de la rédaction du grand quotidien et lui fait jurer que cela ne se reproduira plus. Il tiendra parole. En milieu de matinée, Jacques Attali me retrouve à l'athanée. Il débloque rapidement la situation administrative pour un rapatriement dans les plus brefs délais du corps vers Paris. Il me tient des propos amicaux et chaleureux, me dit qu'il faut continuer les Restaurants du Cœur et me fait part d'une phrase que lui a dite le président : « Nous venons de perdre un de nos meilleurs amis. »

Je lui demande si, malgré l'échec aux élections législatives, l'Elysée a encore un certain pouvoir sur la police et s'il a les moyens efficaces de s'assurer qu'il s'agit vraiment d'un accident. Comme beaucoup j'imagine, cette idée me tenaille depuis la veille au soir, le doute et la révolte s'ajoutent au chagrin. Il m'indique que tout sera mis en œuvre pour savoir ce qui s'est passé. Il reste une heure et repart vers Paris.

Dans l'après-midi, je demande à Aldo de m'emmener sur les lieux de l'accident. Lui n'y était pas, il les attendait à la villa. Il y avait Michel, Ludo et Didier. Michel était deuxième, en sortie de virage, il a doublé le premier et là le camion s'est soudain dressé comme un mur. Michel n'allait pas vite mais n'a pas pu freiner, les autres ont eu juste le temps de s'arrêter. Cette visite sur les lieux du drame ne m'apporte rien, les choses me paraissent toujours incompréhensibles. Entre-temps, Paul cherche à savoir s'il est possible de faire l'enterrement à la Madeleine, mais il n'obtient pas l'autorisation. Nous voulons que des hommes respectés et symboliques de ses différentes facettes fassent son oraison. L'abbé Pierre, Yves Montand et Jacques Attali donnent tout de suite leur accord. Nous nous réunissons beaucoup sous la houlette de Paul. Nous décidons de ramener Michel chez lui au plus vite et d'ouvrir la maison de la rue Gazan au public pour que tous ceux qui l'ont aimé puissent lui rendre hommage. Le soir même, Aldo et moi prenons la route avec la vieille Chevrolet bourrée jusqu'à la gueule des affaires de Michel et de ses petits objets favoris. Pierre Botton propose d'accompagner le corps dans le fourgon funéraire vers Paris. Malgré ses préventions, Paul accepte. Il a trop peur qu'en laissant le cercueil à des inconnus, l'insupportable « coup » de la photo ne se reproduise ailleurs. Nous sommes dans une sorte de suspension du temps, nous n'éprouvons pas le besoin de dormir, ce sera comme cela jusqu'à son enterrement, cinq jours plus tard. Intrigué par le dévouement de Botton et en même temps par son implication subite dans nos malheurs, je demande à Aldo de m'en dire plus sur lui. Il m'apprend qu'il est riche, qu'il a une compagnie d'hélicoptères et des intérêts dans l'industrie pharmaceutique, qu'il est proche du nouveau gouvernement et qu'il a promis à Michel de réussir à faire passer la loi grâce à ses relations avec Chirac et Juppé. De retour à Paris, je lui pose directement la question, il me confirme ce qu'a dit Aldo.

Pendant trois jours, presque 20 000 personnes vont défiler devant le cercueil de Coluche, posé en bas dans la salle de jeux. Il y a plus de 100 mètres de queue en permanence devant son pavillon. La suspension du temps continue, nous ne sentons même pas la tristesse.

Nous vivons là, jour et nuit, dans cette maison que, pour nous, il habite encore. Un cordon en velours rouge installé par les pompes funèbres sépare la partie privée de la partie ouverte au public. Nous campons là, de l'autre côté de cette séparation scénique, comme des figurants qui en font des tonnes pour masquer l'absence de la vedette et oublier que c'est la dernière fois. Ça mange, ça s'embrasse, ça déconne, ça fraternise, comme si la fête allait retenir le temps qu'on ne retrouvera plus. La mort d'un être cher dégage une énergie particulière de pardon et d'amitié envers ceux qui l'ont aimé aussi. Tous ceux qui l'ont connu, tous ceux que l'on connaît viennent. Ceux qui ne s'aimaient pas se parlent, ceux qui se sont croisés sans faire l'effort de s'appréhender se découvrent, ceux qui s'attiraient sans se le dire se l'avouent. Cela dure cinq jours, du moment du choc jusqu'à sa mise en terre au cimetière de Montrouge. Après, chacun retourne dans sa vie et dans ses propres ornières.

QUATRIÈME PARTIE

AUX RESTOS SANS COLUCHE

(fin juin 86-15 juin 88)

Il faut continuer

Dès ce moment-là, je sens que l'on vient beaucoup vers moi pour me parler des Restaurants du Cœur. On me demande mon avis sur des détails, tels que l'attitude à tenir vis-à-vis des vendeurs à la sauvette qui se baladent le long de la file d'attente, qui va jusqu'au bout de la rue, en proposant des photos de Coluche et autres effigies à son image. Compte tenu de la vie que menait Coluche, nous, les proches, Paul, Ludo, Aldo et moi, sommes considérés comme sa famille et c'est à nous que beaucoup de gens viennent présenter leurs condoléances. Tous me disent d'un air entendu : « Vous devez continuer les Restos du Cœur. » Ainsi Véronique, son ex-femme que je n'ai pas vue depuis plusieurs années, me marque un intérêt soudain. Dans le passé nous ne nous sommes pas particulièrement appréciés. Nos relations étaient distantes, d'autant que pendant la campagne présidentielle, début visible de leur rupture, c'étaient ses confidences à lui que je recevais. C'était normal, ne serait-ce qu'à cause du temps que nous passions ensemble. De son côté, je n'avais pas remarqué une attention particulière à ma personne, si ce n'est par le sobriquet peu flatteur qu'elle m'avait trouvé : « Jean Médor ». Dans ces moments-là, une déclaration de sympathie chauffe le cœur, et l'on se dit que ce sont souvent les situations de la vie qui empêchent les êtres de se comprendre. Elle m'invite à dîner, je m'y rends avec ma femme, Liliane. Elle me dit qu'elle a fait un rêve dans lequel Michel lui disait qu'il fallait me suivre, me fait part de ses regrets d'avoir été loin de tout, me parle de ses enfants et me demande l'autorisation de venir aider les Restaurants du Cœur. Evidemment, j'accepte. Dans le même temps, Paul Houdard m'informe qu'une association ne peut fonctionner sans président. Nous en parlons avec Paul Lederman et, dans les jours qui suivent l'enterrement, nous réunissons tous ceux qui ont participé au repas de la Closerie des Lilas, plus Attali comme observateur et Véronique. La première réunion fait apparaître la volonté de tous de continuer. A la seconde, Aldo propose que j'en sois le nouveau président, ce qui est décidé à l'unanimité. Une semaine après la mort de Coluche, je suis désigné par mes camarades pour reprendre la direction des Restos du Cœur. Cela fait beaucoup d'un seul coup. A l'issue de cette réunion, Attali, Véronique et Paul Lederman décident d'aller dîner tous les trois. Personne d'autre n'est convié. Je ne sais pas de quoi ils s'entretiennent, mais dès ce moment je ressens la frontière invisible et jamais avouée entre ceux qui ont le pouvoir, l'argent, l'entregent et les autres. La présence de Coluche gommait cette vraie ligne de partage de la société, peut-être la seule, et si je l'avais déjà rencontrée, il m'en avait toujours protégé. Tout cela me tombe dessus avant même que j'aie eu le temps de me demander si les Restos ont encore un sens sans Coluche. Je sais qu'ils sont le seul symbole vivant de ce qu'il était. Je ne peux pas laisser tout cela mourir. Je dois les remonter et faire voter la loi.

Paul s'éloigne un peu. A la réunion qui m'a nommé, il a déclaré qu'il souhaitait s'occuper des Restos, mais à sa manière, pour qu'ils restent grands et importants. Mais il fait peur. Ce type de discours, Coluche parti, a inquiété ceux qui pourtant lui font confiance et le connaissent. On le suspecte de ne pas avoir un goût particulier pour le travail collectif et son charisme donne le sentiment qu'on a peu de chances de faire prévaloir son avis devant sa détermination. On se dit que seul un homme du niveau de Coluche pouvait avoir une force suffisante pour équilibrer la sienne et profiter de cette complémentarité de puissances. Ce sentiment est partagé par ceux qui, comme lui, n'ont pas l'arrière-pensée de récupérer un jour ou l'autre les Restos. Pour les autres, un peu à la manière dont les nobles ont coopté Hugues Capet sur le trône de France parce que c'était le plus faible d'entre eux, ils peuvent se dire qu'il vaut mieux avoir pour président quelqu'un de juvénile et d'ignorant de la réalité de l'exercice d'un pouvoir.

A peine suis-je élu, que des pressions se manifestent. Houdard me dit qu'il a reçu un appel téléphonique du milliardaire israélien Flatto Sharon, en délicatesse avec la justice française, qui a proposé 50 millions de francs pour les Restos en échange de la présidence de l'association. Je hausse les épaules, incrédule, devant cette proposition, qui d'ailleurs ne dépassera pas ce coup de fil dont on ne connaît pas la provenance. De son côté, Véronique me fait part des appels qu'elle reçoit de la part d'amis importants et respectables, qui lui conseillent de devenir présidente. Je n'en sais pas plus, je sais seulement qu'elle a gardé des relations d'amitié avec un certain nombres d'artistes, amis du couple lorsqu'elle était avec Coluche. Elle m'indique qu'elle n'adhère pas à cette proposition car elle ne se sent pas capable de remplir ce rôle et qu'elle se trouve mieux à épauler mon action parce que je suis seul, dit-elle, à savoir ce qu'il faut faire. Je ne comprends pas bien pourquoi elle m'informe de conseils qu'elle ne souhaite pas suivre. Attali va dans le même sens. Son sentiment est que la présidence de l'association n'est peut-être pas la meilleure idée, car c'est obligatoirement bénévole et qu'il faudra bien que je subvienne à mes besoins, alors qu'une fonction de directeur de l'association me permettrait d'être rémunéré et d'avoir le même pouvoir.

Mais ce n'est pas tout. Un soir, je reçois chez moi un appel téléphonique de Georgina Dufoix, qui deux mois plus tôt était encore ministre de la Solidarité et des Affaires sociales. Je ne l'ai jamais rencontrée, Coluche l'avait vue seul. Comment a-t-elle appris mon nom et mon numéro ? Je n'en sais rien. En tout cas l'ancienne ministre me propose de venir prendre le petit déjeuner chez moi le lendemain. J'ai beau être flatté de la proposition, je lui demande pourquoi tant d'empressement et nous convenons d'un rendez-vous le lendemain matin à ses bureaux de l'Assemblée nationale. Le lendemain, un fastueux petit déjeuner m'attend au bureau de Mme Dufoix, boulevard Saint-Germain. Nous sommes seuls. Elle va droit au but. Après m'avoir félicité pour le travail accompli, elle m'explique qu'une association de la taille et de la renommée des Restos du Cœur a besoin à sa tête de quelqu'un d'aguerri à même de faire face aux multiples rapports de pouvoir auxquels cette association va être confrontée. Elle pense que le savoir-faire que je possède et dont elle ne doute pas ferait de moi un bon directeur mais pas un président et que je me ferais écraser, et l'association avec, au premier bras de fer politique que je croiserais. Enfin elle dit que, à part elle-même ou Véronique qui pourrait se prévaloir d'une légitimité familiale, personne de ceux qui ont entouré Coluche ne peut reconstruire les Restaurants du Cœur.

Dans un premier temps, je reste sans voix devant la brutalité de la proposition. D'abord piégé par ce comportement qui me renvoie inconsciemment aux doutes que j'ai sur moi-même et par conséquent aux doutes sur ma légitimité à agir, je lui présente la stratégie que je compte développer pour faire renaître les Restos du Cœur. Je lui montre même la lettre que je viens d'envoyer à tous les bénévoles des Restos en France pour les informer officiellement de ma décision irrévocable de continuer. La lisant rapidement, elle la balaye d'un revers de main en m'expliquant que c'est très bien mais que ce n'est pas le problème. Il s'agit selon elle de posséder une image qui soit suffisamment forte pour porter les Restos sur de nouveaux fonts baptismaux. Elle joint l'acte à la parole et me montre ses sondages de popularité. Le ridicule de la situation me permet de me reprendre et je lui demande avec malignité si, à son avis, elle est plus connue comme ancienne ministre socialiste ou comme femme généreuse. Pour toute réponse, elle me signifie qu'elle ne me retient pas. Nous en restons là.

Cet entretien m'a secoué, mais il raffermit ma détermination. D'abord parce que je n'ai aucun doute sur le fait qu'il est possible de relancer les Restos du Cœur. Ensuite, parce que je connais l'esprit et la méthode que Coluche a mise en œuvre pour les construire. Enfin, les appétits de pouvoir à peine déguisés que je vois se manifester autour de ce que je ressens désormais comme « mon bébé » me donnent l'envie rageuse de le protéger.

Portés par le deuil

Tout étant allé trop vite, je dois arrêter ma stratégie et répondre à l'ensemble des questions qui se posent. J'écarte très rapidement l'idée d'accepter de prendre la place de directeur. Une des bases des Restaurants du Cœur qui, du temps de Coluche, était évidente, était le bénévolat. Non par principe moral, mais parce que la confiance des donateurs repose sur le fait que lorsque l'on donne 100 francs aux Restos, 98 francs se transforment en nourriture. Soit 2 % de frais de gestion. Aucune association n'arrive à un chiffre aussi bas et Coluche, d'ailleurs, ne se privait pas de le rappeler. Accepter la création d'un poste de directeur pour moi et forcément au niveau local pour d'autres dans toute la France, c'est augmenter les frais de gestion et remettre en cause une des lignes de force des Restos du Cœur.

Dans les jours qui suivent, je demande à Anne Coutard de rédiger de nouveaux statuts. Nous ne pouvons faire durer plus longtemps une situation dans laquelle les Restaurants du Cœur n'ont pas d'existence juridique. Ces statuts conservent à Ludo, Aldo et moi une place prépondérante mais ils intègrent le « groupe de la Closerie des Lilas » comme membre de l'association nationale, ce qui n'était pas le cas avant. Je propose également à Véronique de nous rejoindre et de participer aux travaux du bureau. Seuls Paul et Alexandre préfèrent ne pas être membres de l'association. Ces points essentiels étant réglés, j'essaie de partir en vacances. Je n'y arrive pas. C'est à ce moment-là que le deuil me submerge et me paralyse en même temps. L'activité déployée depuis la mort de Coluche m'a maintenu dans une sorte de bulle protectrice qui a masqué le vide. Le monde médiatique et artistique dans son ensemble témoigne une sollicitude qui pourrait faire croire qu'il s'agit bel et bien d'une grande famille. Si j'ajoutais un à un les « on ne vous laissera pas tomber » proférés à mes camarades Aldo, Ludo et moi-même à ce moment-là, je crois que nous aurions de quoi nous occuper jusqu'en l'an 3000. Il est vrai qu'en cet été 86 il n'est pas concevable pour quelqu'un d'important de ne pas avoir entretenu une relation privilégiée avec Coluche et donc au moins de connaître personnellement un de ses proches. C'est dans ce contexte que nous sommes approchés, Aldo, Ludo et moi, par Bernard Fixot qui nous propose de faire un livre de souvenirs. La proposition est alléchante. Il offre 50 000 francs d'à-valoir à chacun et l'occasion de rester « collés » tous les trois autour de Coluche. Même virtuellement cela fait du bien. Raconter à chaud ce que nous avons vécu peut faire office de thérapie. Pour ma part, j'hésite : transformer sans le moindre recul des souvenirs en marchandise me met mal à l'aise. Je vais voir Attali à l'Elysée pour lui en parler. Il me conseille de le faire en me disant que ce sera le seul moyen de gagner de quoi vivre pendant que je m'occuperai des Restos du Cœur. Bizarrement, j'ai besoin d'entendre la parole d'un homme qui symbolise à mes yeux le pouvoir, pour accepter ce que je sais déjà. Je quitte Paris la tête pleine de sentiments contradictoires, complètement perdu et incapable de prendre du repos. Je rêve de Coluche toutes les nuits et je me demande comment je vais organiser l'avenir, seul.

Je comprends assez vite que Coluche a plus d'amis mort que vivant. Je sais donc que je peux m'appuyer sur l'émotion unanime créée par sa disparition pour les

Restaurants du Cœur. En revanche, je pense que cela ne durera pas et qu'il faut que j'agisse vite pour obtenir ce dont les Restos ont besoin pour repartir. Une émission de télé, l'aide de la banque, un local et au moins les mêmes subventions que celles données par l'ancien gouvernement. Je sais aussi quelles caractéristiques de son image ont le plus marqué l'opinion publique. La générosité, la fête et l'efficacité. Ce seront les bases sur lesquelles reposera la communication des Restaurants du Cœur. La question qui vient ensuite à mon esprit, c'est « comment faire ? » Autrement dit, qui va incarner ces valeurs ? Quel que soit le sens dans lequel je tourne la question, je ne vois personne. Un artiste ? Aucun ne semble le vouloir, et le pourrait-il, tant ce mouvement est lié à la personnalité de son fondateur ? Véronique ? Elle ne sait rien des Restaurants du Cœur, ni des principes qui ont guidé notre action depuis plusieurs années. Moi ? Je suis inconnu, je ne suis pas artiste, j'ai le trac quand je m'exprime en public et ma seule légitimité est d'être le « pote ». C'est peu. J'en arrive à la conclusion que seul un collectif peut porter toutes les valeurs que Coluche incarnait seul. J'entends par collectif la dizaine de personnes qui ont des responsabilités nationales aux Restos, plus tous les artistes qui le souhaitent chaque fois qu'ils sont disponibles. C'est avec cette « ligne » que je rentre à Paris à la fin du mois d'août. J'en informe aussitôt mes camarades qui me manifestent un soutien sans réticence. Nous nous mettons au travail.

Paul Houdard attire mon attention sur le fait que nous sommes bloqués par les finances. Il nous reste à peu près 200 000 francs, pas de quoi payer la logistique nécessaire – sans parler de nourriture – à la préparation de la nouvelle campagne. Il faut donc se tourner vers le banquier qui nous a si fortement soutenus quelques mois plus tôt, le Crédit agricole. Ne doutant de rien, je demande rendez-vous au P-DG, puisque c'est à ce niveau que Coluche et Paul Lederman avaient traité. Le titulaire du poste a changé, ce n'est plus Jean-Paul Huchon et l'on me renvoie vers la direction de la communication. Le directeur me reçoit froidement, me dit qu'il ne croit pas aux Restos sans Coluche, mais accepte de donner le quart de ce qui avait été offert l'année précédente, 250 000 francs. Par la difficulté que j'ai à obtenir les rendez-vous à haut niveau et la méfiance qu'on me renvoie, je commence à mesurer à quel point je suis démuni. Mais le fait d'avoir obtenu une telle somme de quelqu'un qui n'était pas sympathisant me montre que, dans un premier temps, et si on ne fait pas d'erreur, personne n'osera s'opposer aux Restaurants du Cœur orphelins.

Rencontre avec les pouvoirs

Première chose, se mettre à la recherche d'un local dans lequel nous pourrons travailler et nous réunir. Il faut quelque chose de suffisamment grand, nous sommes une quinzaine. Pierre Botton continue à fréquenter la bande, notamment Ludo et Véronique. Lors d'une manifestation festive – un stock-car, je crois – organisée par Ludo aux profits des Restos, je le revois et lui fais part de la recherche. J'aimerais que, grâce aux relations gouvernementales dont il m'a parlé, il nous aide à nous loger à des conditions très avantageuses et pourquoi pas gratuitement. Il me promet de faire quelque chose. Je lui pose cette question comme un défi parce que je ne crois pas que la droite au pouvoir fera quelque chose pour les Restos du Cœur ni pour un local, ni pour la loi. On est quand même dans une période où la notion de continuité républicaine n'est pas à la mode. Dans les jours qui suivent, il m'emmène sur sa moto au ministère du Commerce extérieur. Je suis un peu impressionné et en même temps très curieux. C'est la première fois que je vais dans un ministère de droite et, au fond de moi, j'espère que la vision selon laquelle la droite est affairiste et la gauche angélique est une réalité dépassée. Je ne vais pas être déçu. Nous arrivons quai Voltaire, pas très loin du ministère des Affaires étrangères. Il gare la moto devant sans la fermer, dit un mot au planton pour qu'il la surveille, court dans l'escalier d'honneur (je le suis), entre sans frapper dans un bureau sur la porte duquel est écrit « Chef de cabinet », me présente à l'homme qui se lève pour me saluer, lui annonce que je cherche un local, n'attend pas la réponse et m'entraîne dans le bureau d'à côté, fermé par une double porte capitonnée. Il a dû se passer en tout trois minutes. Deux hommes sont assis de part et d'autre d'un grand bureau. Je reconnais l'un d'entre eux : c'est le ministre du Commerce extérieur, Michel Noir. Il est manifestement en rendez-vous. Pierre lui coupe la parole et me présente. Surpris, je marmonne un « Bonjour monsieur le Ministre ». Botton lui demande s'il peut me trouver un local, Noir lui répond qu'il va voir ce qu'il peut faire. Nous sortons. Lisant sur mon visage l'étonnement devant un comportement si cavalier, il me dit en repartant : « Ils peuvent bien faire quelque chose pour moi, c'est quand même grâce à mon pognon qu'ils sont là. » En dehors du fait de m'avoir laissé l'impression fugace d'habiter dans une république bananière, la démarche de Pierre Botton n'a pas donné les résultats escomptés.

Au-delà de la lettre que j'ai envoyée aux comités locaux des Restaurants du Cœur, peu de temps après ma désignation, il faut informer le public que nous continuons. Il n'y a qu'un seul moyen, la télévision. Marie-France Brière, qui, à l'époque, dirige les variétés de TF1, m'a déjà indiqué qu'elle y était prête. Mais si l'on veut être sûr que le public manifeste sa confiance dans l'équipe qui se propose de poursuivre les Restos du Cœur, il faut un signe symbolique qui l'entraîne. Pendant l'été, Attali m'a parlé de l'éventualité d'un geste fort vers la fin septembre ; il m'appelle pour me dire que le président Mitterrand serait prêt à nous recevoir officiellement. Il m'indique en même temps qu'il serait bon que les représentants des Restos soient accompagnés d'un collectif d'artistes. Je reçois ce souhait comme un « deal ». La reconnaissance du premier des Français dont les Restos ont besoin pour reconquérir une crédibilité populaire, s'échange de « bonne paix » contre l'aura des artistes dont le président a besoin pour son éventuelle réélection. A la moitié des années 80, nous sommes entrés de plain-pied dans l'aire de la communication. Il ne s'agit plus de bien parler à la télé, de porter la bonne cravate ou d'avoir le slogan le plus mobilisateur pour une campagne électorale. Il s'agit de remplacer par des symboles positifs la perte visible de pouvoir sur l'immédiat, d'autant que la cohabitation a bien entamé la perception du pouvoir du président. Devant une crise censée être marquée par la fatalité, un niveau de chômage jamais rencontré, une réglementation européenne qui semble nous échapper et des « affaires » qui commencent à pointer leur nez, les politiques ont perdu une partie de leur crédit. La nature ayant horreur du vide, les artistes incarnent à bon compte les valeurs qui échappent aux politiques parce qu'ils ont le pouvoir sur le rêve. En quelques années il s'est produit un changement historique : ce ne sont plus les politiques qui convoquent la presse mais la presse qui leur donne la parole. Ce ne sont plus les artistes qui courtisent les princes mais les princes qui courent derrière les stars dans l'espoir de profiter des valeurs dont le public les affuble. Coluche et les Restaurants du Cœur ont leur part dans ce mouvement initié dans les années 80. Le problème, c'est que, Coluche vivant, ce changement était une liberté nouvelle ; sans lui, c'est l'arrivée d'un nouveau conformisme.

Après avoir parlé du « casting » avec mes camarades, je rappelle Attali pour lui soumettre une liste de noms. Au milieu des copains habituels de la bande et de Nathalie Baye, je lui propose Michel Sardou. Tant qu'à déranger des artistes, autant en avoir un dont l'image est à droite. C'est bon pour les Restos du Cœur et Sardou m'a dit être intéressé par une rencontre avec l'homme qui préside notre République. Attali adhère tout de suite à l'image consensuelle que nous pouvons apporter au président. En application, là aussi, du bon vieux principe d'échange nous obtenons de Renault le prêt de deux Espace pour transporter tout le monde. Nous débarquons à une dizaine et sommes reçus dans la bibliothèque de l'Elysée. Insigne honneur, nous avons droit à une visite guidée du palais par le président lui-même. Je m'attendais à des questions sur la manière dont les Restos allaient redémarrer, il n'y en a point. Lorsque Paul Houdard se lance tout seul pour expliquer à Mitterrand, de façon très technique, l'action des Restos, ce dernier le coupe en disant à un huissier : « Apportez-lui une chaise. » Sagement il s'assoit et se tait. Le but de cette visite n'est pas de rendre compte de notre action au président de la République, mais d'envoyer au peuple français l'image qui lui annonce que les Restos du Cœur vont continuer. Mission accomplie, les journalistes nous attendent sur le perron et le soir, au *20 heures*, toutes les chaînes reprendront la nouvelle.

A partir de cette reconnaissance officielle, les Restos s'inscrivent à nouveau dans le paysage médiatique français. Depuis la mort de Coluche, les chèques n'ont pas cessé d'arriver et nous totalisons près d'un million de francs envoyés spontanément. Des journalistes viennent nous voir presque quotidiennement pour suivre la préparation de la nouvelle campagne. La télévision nous donne une date, à la mi-novembre, pour refaire une émission spéciale dans le même esprit que celle du 26 janvier. C'est à ce moment-là que je profite de la dynamique retrouvée pour prendre contact avec le gouvernement.

Adrien Zeller est le ministre dont nous dépendons, le secrétaire d'Etat aux Affaires sociales. Il propose dans un premier temps une subvention qui correspond à la moitié de ce que son prédécesseur nous avait donné. Je commence à comprendre le cynisme des relations politiques. L'important n'est pas d'avoir raison, mais d'avoir un rapport de force. Je lui propose de participer à une conférence de presse commune dans laquelle nous annoncerions ensemble l'effort fourni par son gouvernement en faveur des Restos du Cœur. Il accepte. Dans le même temps, je lui indique que, évidemment, je serai obligé de faire part au public que l'aide est diminuée de moitié et qu'il serait dommage que les Français pensent que la droite est moins sensible que la gauche à la misère en France. Tout cela se passe au téléphone. Il me demande quelques heures avant d'envoyer mon communiqué. Dès le lendemain, j'apprends par son cabinet que la subvention accordée est identique à celle que nous avions reçue l'année précédente. Je dois dire que les choses n'ont pas été difficiles, car Adrien Zeller est sincèrement convaincu et n'est pas mécontent de mon « petit chantage » qui l'a probablement aidé à convaincre son ministre de tutelle, Philippe Séguin.

Nous baignons dans une atmosphère de consensus qui nous ouvre à peu près toutes les portes politiques et médiatiques. Le message des courageux petits « orphelins » qui se battent pour faire vivre la bonne œuvre de « papa » passe la « rampe ». Je dois dire que je m'amuse assez d'être reçu partout et d'être considéré comme un type bien avant même d'avoir ouvert la bouche, mais c'est un amusement au goût douteux. Rien n'est donné aux Restos du Cœur pour ce qu'ils sont ou ce qu'ils font, mais seulement parce qu'ils ont une capacité de nuisance ou d'adoubement médiatique.

La nouvelle organisation

Je réunis chaque semaine le bureau de l'association. Il centralise les questions essentielles sur lesquelles nous devons nous prononcer. Ainsi je rends compte de la stratégie de communication mise en œuvre avec l'aide de Frédéric Blanc, Aldo, Ludo, Véronique et Anne Coutard devenue secrétaire générale. De leur côté Houdard, Bour et Mariette m'apprennent l'avancée de la préparation de la distribution. Même si nous ne sommes plus à Europe 1 mais dans des bureaux aveugles derrière la gare du Nord, et que l'ambiance est plus rugueuse que festive, nous sommes unis et motivés. Avoir pour collaboratrices une énarque en la personne de Anne et une relation publique efficace en la personne de Véronique me facilite bien la tâche. D'autant que, dans cette période tout entière tournée vers une reconstruction encore incertaine, aucune loyauté ne me fait défaut. J'ai pourtant hâte de toucher du doigt ce pour quoi nous faisons tout cela : donner à manger à ceux qui en ont besoin. Cette agitation médiatique me pèse un peu, tellement elle est éloignée dans sa pratique de l'objectif que nous nous sommes fixé. Il n'y avait que Coluche et son génie pour transformer le cynisme en générosité et ranimer le souffle de la fête au contact de la misère. J'ai le sentiment que l'astre est mort et qu'il manquera toujours une âme à cette reconstruction à laquelle je m'applique. J'ai quand même l'espoir que, dès lors que les Restaurants du Cœur seront ouverts, il en sortira une énergie devant laquelle les petits arrangements nécessaires à leur survie paraîtront dérisoires.

Tout reste à faire. Combien distribuer, sachant que nous n'avons pas, loin s'en faut, de quoi tenir trois mois ? Et comment structurer les Restos en France, sachant qu'il n'y a plus la voix de Coluche pour cimenter l'ensemble en un seul mouvement libre et cohérent ?

Pour répondre à la première question, un élément nouveau et de choix vient renforcer notre dispositif. Paul Houdard a fait entrer un de ses amis comme responsable des approvisionnements. C'est un ingénieur agronome à la retraite, héros de la Seconde Guerre mondiale, franc et boudeur, le genre de type à qui on fait tout de suite confiance et qui ne déçoit jamais. André Coursier a gardé des contacts fructueux avec son ancien environnement professionnel qui lui permettent de faire baisser sensiblement le prix de revient des repas. Il m'informe que, dorénavant, un repas complet nous coûtera 3,30 francs au lieu de 5 francs l'année précédente. Dans les mois qui suivent, avec le déblocage des stocks européens, nous arriverons à 2,50 francs. Cela multiplie notre potentiel par deux. Nous restons malgré tout en deçà de ce que nous avions distribué en fin de campagne l'an dernier, 120 000 dès le mois de février. Les médias n'ayant pas seulement une influence sur les donateurs mais également sur ceux qui ont besoin de notre action, je sais que ce nombre sera très vite dépassé. Je décide alors que nous ne distribuerons pas de manière linéaire mais que nous ferons de la rétention les premiers jours pour augmenter de façon progressive le nombre de repas distribués. Il faut pouvoir annoncer au public chaque semaine une augmentation de la distribution, de telle sorte que les Restos gardent leur image d'efficacité et de réussite. C'est le seul moyen à notre portée pour garder le soutien des médias, sans lesquels la collecte de fonds n'est pas possible. Il est bien connu qu'on préfère soutenir quelque chose qui marche que quelque chose qui se « plante ». En tout cas, je suis obligé d'infléchir momentanément un des principes de Coluche, celui de donner sans rétention, dans le but de donner aux Restos l'image d'un dynamisme que, sans leur fondateur, ils doivent reconquérir.

Le deuxième problème est plus complexe. Comment faire en sorte que les Restos du Cœur distribuent en respectant partout en France la façon d'agir énoncée par Coluche l'année précédente, la gratuité, la qualité, l'anonymat et le refus du contrôle ? Coluche présent, il suffisait qu'il dise à la radio ou à la télé que tel ou tel comportement n'était pas conforme à l'esprit des Restos du Cœur pour qu'immédiatement cela s'arrête. Là, au nom de quelle légitimité, surtout en redémarrant, sommes-nous fondés à dénoncer un comportement abusif ? Je dois donc remplacer le charisme de Coluche par du juridisme. Avec Francis Bour, responsable des régions, Jacques Mariette, responsable de la région parisienne et Marie Dumas, nous élaborons une charte des Restaurants du Cœur qui devra être signée par tous les responsables locaux. C'est une sorte de contrat de franchise donnant le droit d'utiliser le nom et le logo des Restos du Cœur. Nous demandons aux Restos locaux de se constituer en associations départementales. Chaque président s'engage, en signant la charte, à respecter scrupuleusement les principes de distribution, de collecte de fonds et d'utilisation du nom stipulés dans le document. Paradoxalement, le seul moyen de faire respecter notamment le non-contrôle des revenus bénéficiaires et la distribution sans rétention est d'encadrer et de structurer le mouvement existant. D'autant que, dès cette époque, la pression est forte, il faut bien le dire tant à la base qu'au sommet, pour introduire un contrôle sur la suspicion de fraude. Parallèlement à cela, le contrat qui unit les Restos du Cœur locaux à l'association nationale laisse à chaque entité locale la liberté de subvenir à ses besoins de fonctionnement et de profiter localement de tous les dons en nature qu'elle pourra se procurer. Deux mesures encadrent cette autonomie : interdiction totale des quêtes sur la voie publique et accès de l'association nationale à la comptabilité des associations locales. Ce qui était évident et naturel du temps de Coluche devient, là aussi, balisé. Pour éviter que les Restos locaux ne succombent à la tentation de devenir organisateurs de spectacles plutôt que distributeurs gratuits de nourriture, ce qui leur ferait prendre inconsidérément des risques avec l'argent des donateurs, nous ajoutons une clause selon laquelle toute organisation de spectacle doit être soumise au préalable à l'accord de l'association nationale. Du temps de Coluche, nous passions déjà la moitié de notre temps à expliquer que les Restos étaient là pour recevoir des dons mais pas pour organiser eux-mêmes des affaires à leur profit. Le système de Coluche – « Celui qui veut faire quelque chose pour les Restos, qu'il le fasse, mais nous ne pouvons pas le faire à sa place » – a du mal à être compris. Deux ou trois personnes, dont Aldo et Léa Bonnal, passent leur temps à expliquer la différence qu'il y a entre « au profit des Restaurants du Cœur » et « les Restaurants du Cœur produisent ». Ce glissement est normal. Après tout, le succès des Restos auprès des donateurs et des bénévoles tient aussi au fait qu'ils ont été créés par un homme de spectacle avec des méthodes du spectacle. Le problème, c'est qu'en renaissant les Restos sont tellement fragiles que le moindre coulage serait utilisé contre eux pour les disqualifier.

C'est dans ce climat que je suis confronté à la première attaque frontale contre l'association. Je reçois un jour un appel d'un monsieur de Lyon qui souhaite me rencontrer pour voir comment il peut faire fonctionner avec nous son association nommée les « Restos Coluche » ; il distribue également à manger, me dit-il, et a le soutien de la mairie de sa ville. Un peu surpris mais curieux des autres initiatives, je lui donne rendez-vous dans un café. Il m'apprend qu'avec le soutien de la municipalité, il a monté des restaurants où il sert des repas vendus 20 francs, « prix coûtant », me dit-il. Il en a créé plusieurs dans la vallée du Rhône et cela s'étend jusqu'à Arles. Je lui indique qu'il fait ce qu'il veut mais qu'il doit changer de nom et qu'en aucun cas les Restaurants du Cœur ne pourront travailler avec lui, pour nous la gratuité est un principe irrévocable. Il me montre des articles du *Figaro Lyon* qui attestent du soutien qu'il reçoit de la part de ce quotidien et de la mairie. Un peu énervé, je rentre au bureau et j'appelle l'adjointe au maire dont il m'a parlé. Cette dernière me répond sèchement que seule l'association de ce monsieur est reconnue officiellement par la ville. Ayant du mal à comprendre comment la mairie de la deuxième ville de France peut soutenir ce qui s'apparente à une escroquerie, je décide de ne pas lâcher. J'envoie une lettre recommandée le sommant de changer le nom de son association avec copie à la mairie et à la presse locale. Rien n'y fait. Je prends un avocat à Lyon, maître Guillaumont, qui, montant d'un cran, fait comprendre à nos adversaires que leur entêtement ne pèserait pas bien lourd devant la justice. Finalement, une réunion est organisée dans les locaux du *Figaro Lyon* en présence du directeur de la rédaction, de l'adjointe au maire, du monsieur, de mon avocat et de moi-même. Il faudra une longue discussion, et surtout que maître Guillaumont mette en lumière le passé douteux du monsieur en question, pour que ses soutiens inconditionnels se rétractent et lui demandent de cesser ses activités ou de changer de nom. A l'issue de la réunion, mon « concurrent » étant vite parti, je demande à ces notables lyonnais comment ils ont pu soutenir quelqu'un qui a tenté de récupérer à son profit personnel et commercial une action désintéressée. Ils me répondent que Lyon est une grande métropole qui ne souhaite pas que ses problèmes sociaux soient traités à Paris. Que le système du monsieur avait au moins le mérite de fonctionner avec l'argent des Lyonnais pour les Lyonnais. Et qu'enfin ils considèrent comme injuste d'envoyer les dons aux Restos du Cœur à Paris pour nourrir des gens qui ne sont pas de leur ville. Je mesure à ce moment-là à quel point les Restos sans Coluche ne peuvent ignorer le fait « local » et qu'un pouvoir centralisé, fût-il associatif, ne peut tenir, surtout s'il n'est pas incarné. Je leur promets d'étudier un système dans lequel les fonds collectés à Lyon serviront à soulager la misère des Lyonnais. De retour à Paris, je demanderai au conseil d'administration d'autoriser les associations locales à percevoir elles-mêmes des dons en plus du compte national. Toutefois, la moitié des dons collectés devra remonter à Paris, afin que nous puissions compenser les inégalités entre les régions. Cette affaire aura duré trois mois et se dénouera en mars, peu de temps avant la fin de la campagne. Il y en a d'autres, mais c'est la plus symptomatique. Bour et son équipe passeront leur temps à négocier dans les régions le rapport entre un centre parisien perçu comme lointain et arrogant, et des périphéries devenues des pouvoirs locaux soucieux de leurs prérogatives.

Protéger l'idéal de Coluche

En octobre, éclatent des manifestations étudiantes dont le déclencheur est le refus de la loi Devaquet [1]. Ce mouvement atteint une ampleur dont on se souvient encore. En tête des manifestations qui, pour certaines, rassemblent plusieurs dizaines de milliers de personnes, on voit de nombreuses pancartes représentant une salopette sur laquelle il est écrit : « Coluche, réveille-toi, ils sont devenus fous. » Il n'y a jamais eu de lien particulier entre Coluche et les revendications étudiantes, pourtant c'est ce symbole que les étudiants choisissent pour demander à être entendus. SOS-Racisme noyaute ou accompagne ce mouvement, tout dépend de la manière dont on regarde les choses. Julien Dray m'appelle pour que l'on se voie. Je vais à leur local, je suis reçu par Dray et Harlem Désir. Ils me demandent de déclarer publiquement le soutien des Restos du Cœur à ce mouvement étudiant qui dépasse largement les manifs catégorielles auxquelles on est désormais habitué. Il est clair que, au-delà de la loi Devaquet, ce sont les méthodes du pouvoir en place qui sont contestées, et ce, quelques semaines avant le matraquage mortel dont sera victime Malik

1. Loi Devaquet : loi proposée par le ministre de l'Education nationale du gouvernement Chirac en 1986 instituant un surcroît de sélection à l'entrée de l'Université. Cette loi sera abandonnée sous la pression estudiantine.

Oussékine. Je me trouve confronté à un dilemme personnel. Le citoyen que je suis est tenté, mais le président des Restos n'en a évidemment pas le droit. Ils insistent, je leur demande une journée de réflexion même si je connais déjà la réponse.

J'en parle avec Renaud, le chanteur, qui a lui aussi été sollicité, qui lui aussi est titillé mais qui, comme moi, refusera de s'impliquer. Bien qu'à ce moment-là les Restos ne soient pas neutres socialement, ne serait-ce que par leur manière particulière de traiter le problème de la faim, ils ne peuvent et ne doivent prendre parti politiquement. J'ai beau considérer les Restos comme une star virtuelle, que j'essaie de « remplir » des qualités humaines que l'on reconnaissait à Coluche, ils n'ont pas sa liberté de parole.

Tous ces événements sont pour moi une classe d'apprentissage en accéléré. De collaborateur à l'ombre de Coluche, je suis devenu le président de l'organisation qu'il a créée. Rien ne m'y préparait. Décider d'une stratégie et la mettre en œuvre ne m'effraye pas. Passer du statut de conseiller à celui de décideur est une évolution gratifiante. Mais recevoir en « gérance » l'essentiel de l'image posthume de l'homme le plus aimé de France est une épreuve destructrice.

Ainsi, quand nous allons nous retrouver sur le plateau de TF1, il y aura encore plus de « beau monde » que l'année précédente. Coluche n'étant plus là, chacun pourra y aller de ses promesses qui, comme on dit, n'engagent que ceux qui les écoutent. Les idées les plus démagogiques et irréalisables seront développées et tout le monde applaudira, respectueux devant la photo géante de celui qui, enfin, ne peut plus répondre. Dans le même studio qu'au mois de janvier, répartis par quatre autour de petits guéridons, l'émission alterne variétés, déclarations d'artistes, questions sérieuses des journalistes, interviews de membres du gouvernement actuel, d'anciens ministres, et même un « magnéto » du président de la République confirmant son engagement en notre faveur. Paul Lederman, Véronique, Aldo, Ludo et moi sommes autour du même guéridon. Patrick Poivre d'Arvor est avec nous comme animateur central. Il nous présente et cite par deux fois « la femme de Coluche, Véronique, qui est la vice-présidente ». Il manque juste un petit « ex » à côté du mot femme pour que cela soit vrai. En « remariant », ce jour-là, Coluche et Véronique, PPDA modifie, peut-être à son insu, l'avenir des Restaurants du Cœur. Nous sommes tous gênés par ce qui se produit. Il n'y a rien à dire, rien à faire. Elle est désignée de cette façon au nom de la simplification médiatique qui accompagne les grandes émotions. L'idée de collectif explose à ce moment-là. Si dans l'équipe il y a « la femme » de Coluche et non son ex, sa proximité supposée avec le disparu en fait automatiquement sa continuatrice naturelle dans l'esprit de tous. En sortant de l'émission, des photographes se jettent sur elle en disant : « Nous voulons la “ maman ” des Restos du Cœur. » Je demande que toute l'équipe soit sur la photo. L'un d'entre eux me dit : « On s'en fout, ça vous aidera, il faut une seule personne sinon ça ne marche pas. »

Dans un premier temps, cette nomination médiatique de Véronique arrange tout le monde. D'ailleurs tout le monde y met du sien. Elle, lorsqu'elle reprend subitement le nom de Colucci qu'elle avait abandonné cinq ans auparavant, au moment de son divorce. L'Elysée, en la faisant nommer au Conseil économique et social par le Conseil des ministres. Moi, en accédant à sa demande, relayée par les « retraités », d'apposer sa signature à côté de la mienne dans les courriers officiels des Restaurants du Cœur. Pourquoi refuser ce qui peut nous donner un poids supplémentaire ? Je ne vois que la réussite de l'objectif fixé. Redémarrer, développer les Restos, puis faire voter la loi. De toute façon, le reste m'échappe. Les statuts de l'association me donnent un pouvoir suffisant pour en décider la politique et la mettre en œuvre, c'est l'essentiel. Au reste, les relations que j'entretiens avec Véronique et les « retraités gestionnaires », pendant cette campagne 86-87, sont d'une telle cordialité que je les confonds avec de l'amitié. Seul Paul Lederman, conscient de la dérive que cette déformation de la vérité et cette captation de légitimité entraîneront, décide de s'éloigner des Restaurants du Cœur. Je ne le reverrai plus avant mon éviction en juin 88.

Le 21 décembre 86 approche. L'émission de télévision a rapporté moins d'argent qu'au mois de janvier mais suffisamment pour espérer tenir jusqu'au 21 mars. Nous ouvrons avec une perspective de 50 000 repas par jour sur trois mois. A charge pour nous de maintenir un lobbying suffisant auprès de Bruxelles pour faire enfin ouvrir les frigos de la communauté et d'être assez présents dans les médias pour que, au-delà de l'émission de télé, les dons continuent d'affluer. Cela nous permettra de répondre à une demande de plus en plus importante. Nous y arriverons, puisque au 21 mars 87 les Restaurants du Cœur distribueront plus de 120 000 repas par jour.

L'ouverture est un moment important car elle sera largement commentée, et il faut en profiter pour faire passer par l'image l'esprit et l'efficacité des Restos. Je veux transmettre deux idées : *primo*, le travail anonyme et dévoué des bénévoles partout en France ; *secundo*, le lien entre les artistes qui symbolisent la fête et la générosité et ceux qui vivent dans la misère. La particularité des artistes, c'est qu'à la différence des autres « riches » ils auraient pu, s'ils n'avaient pas fait la rencontre qui a tout changé, être eux aussi dans la queue des Restos du Cœur. Pour un énarque, un HEC ou un fils de famille, il y a peu de risques. Afin de tenter de faire passer le message qu'une rencontre peut changer une vie auprès des bénévoles et des « clients » des Restos, nous demandons à vingt et une vedettes de se rendre pour cette journée dans un centre de distribution de chaque région de France. Ils ne nous déçoivent pas, ils répondent tous favorablement. Ainsi les Restos du Cœur, partout en France, profitent d'une médiatisation locale et nationale qui favorise leur implantation et leur crédibilité auprès des pouvoirs locaux auxquels ils sont confrontés tous les jours. Ainsi, les artistes touchent du doigt la réalité des Restos du Cœur, ce qui en fait autant de porte-parole de notre action qui sauront de quoi ils parlent et qui deviennent naturellement nos représentants.

Conscient du fait que la télévision nous a happés vers quelque chose qui nous éloigne un peu de la réalité des Restos, je cherche par tous les moyens à leur redonner du sens.

En faisant des Restos une cause nationale du monde artistique et médiatique, on a résumé leur réussite à la collecte d'argent. Comme si seuls comptaient les fonds récoltés, et que la manière dont on transforme cet argent en nourriture et la façon dont on la distribue n'avaient pas d'importance.

Je rencontre Bernard Kouchner, à ce moment-là président d'honneur de Médecins du monde. Nous mettons en place avec son équipe un lien entre les Restos du Cœur et leur association qui vient de créer une division appelée la Mission France. Ainsi, nous instaurons l'embryon d'un dispositif permettant aux gens des Restos qui, souvent, n'ont plus la Sécurité sociale, de profiter de consultations médicales gratuites.

Toujours par le même intermédiaire, Marc Antoine de Vaucorbeil, sorte de militant passionné de la mise en relation, je fais la connaissance de l'ancien président de la République du Liban, M. Charles Hellou. Nous établissons un protocole d'accord créant sous sa présidence les Restaurants du Cœur du Liban. Il s'engage à organiser dans son pays la distribution sous des principes identiques aux nôtres. J'insiste sur ce qui me paraît être le symétrique oriental de la laïcité de notre action : une distribution ouverte à toutes les communautés religieuses ! La situation du Liban étant très différente de la nôtre, c'est le seul point d'identité mesurable, d'autant que les Restaurants du Cœur de France n'ont pas les moyens d'offrir autre chose que leur label.

GLGL
FRA0111 4 G 0269 LBN /AFP-WQ61
Liban-société flt1
Les restaurants du coeur de Beyrouth
(PHOTO)
par JACQUES CHARMELOT

BEYROUTH, 25 nov (AFP) - "Loulou", le poète, a 104 ans et il a faim. Debout, appuyé sur sa canne, il attend que tous ceux venus déjeuner au restaurant du coeur de Sin el Fil, dans la banlieue chrétienne de Beyrouth, soient assis. Et puis d'une voix forte, drapé dans sa longue écharpe de laine, il remercie en arabe la Vierge Marie.

"Aie pitié de notre pays", lance-t-il à la fin de sa tirade avant de prendre place devant une assiette de plastique bleu, un peu à l'écart des 200 vieillards réunis sous le grand préau d'une école désaffectée d'un quartier miséreux de Sin el Fil. Le Liban connaît une crise économique sans précédent et les victimes de ce véritable naufrage se comptent par dizaines de milliers.

Au menu: la mjadarrah, un mélange riche en protéines de lentilles et de riz, de la salade, puis de la confiture et du fromage blanc. "C'est simple, mais c'est bon et nourrissant", commente Antoinette Kazan, secrétaire générale de l'Amicale des restaurants du coeur, qui passe entre les tables, une louche à la main. Cette petite femme vive, aux cheveux presque blancs et aux yeux décidés, n'a pas les moyens de faire des prouesses gastronomiques, mais elle nourrit chaque semaine 3.000 affamés.

"Il y a 12 restaurants du coeur à Beyrouth. Nous y recevons avant tout des personnes âgées pour qui nous sommes parfois la seule planche de salut. Nous nourrissons aussi des écoliers, mais le nombre des nécessiteux croît sans cesse", explique "tante Antoinette", comme l'ont baptisée ceux qu'elle sert.

suivra.....

AFP 250940 NOV 87

José Happart, député européen belge francophone, vient à Paris. Nous nous étions rencontrés l'année précédente avec Coluche. Il était venu à Europe 1 montrer à ce dernier la proposition de loi pour l'aide alimentaire qu'il avait rédigée des années plus tôt. Ils avaient sympathisé. Au mois de mars, il avait invité Coluche à inaugurer les Restos du Cœur de Belgique. José Happart est très connu dans son pays mais pas aimé par tout le monde, notamment à cause de ses positions très radicales sur la francophonie. Il est le président des Restos en Belgique, qui en compte 39. La situation est différente là-bas, car il y a une sorte de revenu minimum; en revanche, il ne profite pas de l'aide gouvernementale qui nous est accordée en France. Nous tombons d'accord pour qu'il puisse profiter des mêmes avantages que nous pour tous les achats provenant des stocks de la Communauté ou des fournisseurs privés quand c'est possible.

Le 21 mars arrive : 11 500 000 repas ont été distribués par 6 000 bénévoles dans 220 villes de France, soit 11 000 tonnes de marchandises, dont 4 200 tonnes fournies par la Communauté européenne. Je me suis baladé aux quatre coins de la France pour voir fonctionner les Restos. Ce que j'y ai vu me montre que sur le terrain, en un an, un réseau efficace et structuré s'est constitué. J'ai découvert les visages de la misère. Ils sont multiples et différents de région en région. Si, en Ile-de-France, dans le Nord et dans le Midi, à peu près la moitié de la population qui vient chercher sa nourriture aux Restos est immigrée, ce n'est pas le cas des autres régions. Ceux avec qui je discute sont souvent issus du monde rural, « montés » à la ville poussés par la crise. Beaucoup de femmes seules avec des enfants et, déjà à l'époque, de nombreux hommes jeunes sans domicile. Ce qui me frappe le plus, c'est de constater à quel point les gens que je rencontre sont cassés. A part de très rares forts en gueule, généralement poussés par l'alcool, la majorité des gens sont tristes, fermés sur eux-mêmes, comme absents et résignés à leur sort. Ils s'expriment avec difficulté, n'ont pas envie d'être vus, communiquent assez peu ensemble et donnent le sentiment de ne plus croire en rien. Les Restos, c'est bien mais ils s'en foutent, la manière dont on distribue aussi, ils donnent pour la plupart le sentiment d'être dans un drame personnel indicible, d'en être sortis un moment pour faire la queue, deux heures ou quatre heures cela n'a pas d'importance, et d'avoir hâte de rentrer dans leur solitude. Exception à cette règle, les femmes immigrées d'Afrique du Nord ou d'ailleurs, qui parfois ne parlent pas un mot de français. Elles viennent la plupart du temps avec leurs enfants, papotent dans la queue, s'engueulent pour une place, ont la tête haute, sourient souvent et donnent l'impression d'assumer leur droit, de ne pas se sentir humiliées et d'avoir naturellement compris le message de Coluche.

C'est dans ce contexte que je subis de plus en plus de pressions sur l'attitude à adopter vis-à-vis de la fraude. Elles viennent de partout, jamais des pouvoirs publics nationaux, comme le ministère des Affaires sociales, mais plutôt de quelques collectivités locales, de rares journalistes et de certains bénévoles. En fait, de ceux qui voient le monde à travers leur angoisse du manque et la méchanceté supposée de l'autre, celui que l'on ne connaît pas. Peut-être la facette la plus négative de ce qu'on nomme l'idéologie du terrain. Il y a d'abord l'histoire qui fait le tour de France, sans que je comprenne comment, du type qui viendrait faire ses courses aux Restos du Cœur en Mercedes, insultant avec arrogance la misère des autres et profitant avec cynisme du laxisme des bénévoles qui le laisseraient partir le coffre plein de victuailles. Personne n'a jamais été capable de dire où cela se produisait, mais tout le monde en parle. Evidemment, c'est possible. Dans ce cas, le message est : « Des radins profitent de votre naïveté. » La deuxième sorte de fraude décrite est : la famille dont chaque membre viendrait faire la queue pour les autres et revendrait le surplus dans sa cité pour se faire de l'argent. C'est également possible. Le troisième cas de figure est plus pernicieux et raciste mais pas impossible non plus : les femmes maghrébines viennent faire leurs courses comme au supermarché pendant que leurs maris travaillent, car pour « ces gens-là », faire la queue, c'est dans leur culture, ainsi, ils ne dépensent rien en France et reviennent dans leur pays jouer aux « nababs ».

Ces trois exemples sont crédibles, mais c'est cela l'unicité des Restos. Tout est dans le titre de l'émission de Coluche à Europe 1, *Y en aura pour tout le monde.* Pour ceux qui sont dans la misère de manière durable, ceux qui sont dans l'« ennui » momentanément, ceux qui sont « malades » et ceux qui sont « malins ». Il ne s'agit pas de fermer les yeux sur l'injustice qu'engendre la fraude, mais de décider de la traiter d'une manière qui ne soit pas policière. D'abord, celui ou celle qui fait la queue deux ou trois heures en plein hiver, parfois dans la boue d'un terrain vague, pour se procurer gratuitement un repas qui coûterait moins de 20 francs en grande surface en a forcément besoin. Ensuite, celui ou celle qui déciderait de revendre ce qu'il a obtenu gratuitement ne pourrait le faire longtemps puisque justement c'est gratuit pour tout le monde. Enfin, ceux qui voudraient profiter fréquemment de la nourriture gratuite alors qu'ils ont de quoi s'en passer, seront irrémédiablement repérés par les autres et par les bénévoles qui n'ont aucune raison de se laisser faire et de ne pas les mettre au minimum à l'index.

En fait, ces fraudes décrites ne sont possibles que de manière très marginale et nous les estimerons à moins de 5 %. Pour moi, la ligne est claire et je la maintiendrai pendant les deux années où je serai président des Restos. Je préfère une fraude minime à un système qui abandonnerait l'esprit et la pédagogie que Coluche a instaurés quand nous avons créé les Restaurants du Cœur.

« *Aujourd'hui, il faut faire une heure la queue dans le froid pour avoir ce repas, qui est de très bonne qualité, je vous l'accorde, mais qui dans l'ensemble ne justifie pas que l'on aille se geler les pieds une heure, si on a de quoi s'acheter un repas [...]. Et puis, on ne peut pas fonder une distribution généreuse sur une suspicion de fraude. On peut pas dire il va y avoir des gens qui en abusent donc je ne le fais pas. Ce serait une bien plus grande connerie que de le faire même si tout le monde en abuse. Alors de toute façon, c'est un truc à écarter [...]. Je veux dire qu'effectivement il y a des défauts à tous les trucs, je ne dis pas que c'est parfait, loin de là. Mais en tout cas c'est sûr que dans son efficacité c'est imbattable* [1]. »

Je vis la fin de cette deuxième campagne comme un soulagement. En ce printemps 87, je suis heureux que les Restos aient prouvé leur capacité de survie malgré la perte de leur fondateur. Leur utilité sociale a servi de moteur. Le réseau s'est étendu géographiquement, les bénévoles se sont multipliés, la distribution et les approvisionnements se sont professionnalisés. Il n'y a pas eu tellement de bruit médiatique pour la fermeture, puisque nous avons augmenté de près de 40 % ce qui avait été fait l'année précédente, mais le silence « des trains qui arrivent à l'heure » a enraciné notre crédit. L'annonce de cette réussite nous donne une nouvelle chance pour l'année prochaine, mais je crains qu'à l'inverse des demandes qui vont augmenter, les fonds recueillis soient insuffisants pour la campagne suivante.

C'est pendant cette réflexion de printemps sur les moyens qui vont nous permettre de passer victorieusement en troisième année, que m'arrive ce à quoi je ne m'attendais pas.

1. Coluche. Conférence aux francs-maçons, 27 février 1986.

Le coup de mai-juin

Cette crise, qui va durer à peu près un mois, se soldera par une refonte complète des ressorts sur lesquels fonctionne la direction nationale des Restaurants du Cœur. Je n'en connais pas les prémices, ni les motivations profondes, ni la mise au point tactique. C'est le premier acte du coup de force qui conduira à mon départ un an plus tard. A l'origine de tout cela, une demande simple formulée par Paul Houdard, lors d'une réunion de bureau. Réexaminer les statuts de l'association en vue d'une représentation plus juste de ceux qui en assurent au quotidien la direction avec moi. Demande légitime, mais très vite assortie de l'exigence de remettre en question la clause qui donne à Aldo, Ludo et moi un statut particulier dans l'association. Le débat sera houleux et les choses vont très vite entrer dans un rapport de forces inamical. Il y a d'un côté Houdard, Bour, Mariette, Marie Dumas et Véronique, de l'autre Anne Coutard, André Coursier, Frédéric Blanc et moi-même. Ce que veulent les « opposants », ce sont des statuts dans lesquels ils deviendront membres fondateurs au même titre que mes camarades et moi-même, sachant que dans les statuts les fondateurs sont intouchables. Cela ne correspond pas à l'histoire des Restos du Cœur mais cela correspond, au moins pour les retraités, à l'engagement durable qu'ils ont manifesté dans l'aventure. Pour Véronique, cela la met en conformité avec ce que les médias « people » racontent. Après plusieurs discussions, je leur propose une modification des statuts, qui fait notamment entrer les représentants des régions au conseil d'administration, mais qui maintient une place particulière pour Aldo, Ludo et moi au titre de « gardiens de la ligne ». Ils refusent. Soit je cède totalement à leur demande, soit ils quittent collectivement les Restos du Cœur. Qu'ils bluffent ou non, leur menace fait planer le risque de tuer les Restaurants du Cœur. Leur départ serait une perte, mais personne n'est irremplaçable. En revanche, une querelle à la tête des Restaurants du Cœur serait automatiquement relayée par les médias et retirerait de manière immédiate la confiance des donateurs, des bénévoles et des bénéficiaires. C'en serait fini de l'entreprise. De plus, il y a un autre problème.

Au fil des mois, Aldo et Ludo ont pris du recul avec les Restos, on ne les voit plus. Ils n'ont pas trouvé leur place dans la nouvelle organisation sans Coluche. Comment défendre une place particulière pour deux personnes qui ne sont plus là ? Je suis donc seul. Enfin, j'ai beau me savoir gardien de la « ligne », je vis mal cette association nationale dirigée uniquement par des Parisiens, qui organisent sans vraie consultation préalable un réseau et des moyens d'action sur toute la France. La question n'est pas de savoir si une association doit être démocratique ou non. Quand nous avons créé les Restos, ce n'était pas notre problème. Nous voulions seulement apporter l'efficacité dont nous nous sentions capables pour résoudre un problème majeur, la faim. Coluche mort, les Restos rentrent dans le droit commun, puisque sa légitimité n'est pas remplaçable. En accédant à leurs demandes, je décide donc d'en profiter pour que les forces et la créativité de la « base » puissent s'approprier un jour le pouvoir sur les Restos au niveau national. Je vais tâcher d'aller le plus loin possible dans la notion de « collectif » que j'ai déjà mise en place pour la communication. Puisque je ne peux refuser à cinq ou six têtes, non dépourvues d'arrière-pensées, l'extension du statut de membres fondateurs, je vais essayer de l'agrandir au maximum. Mon refus reposait sur le fait que Houdard et ses camarades n'avaient jamais été sur la même pensée distributive que Coluche pour l'organisation des Restos du Cœur. La mauvaise surprise, c'est de découvrir que Véronique décide de s'allier à eux, alors que jusque-là notre entente était totale. Finalement, nous convenons que toute l'équipe dirigeante parisienne accède au statut de fondateur, qu'Aldo, Ludo et moi ne conservions qu'un « plus » honorifique, et surtout que l'association se dote d'un conseil d'administration élargi aux représentants des Restos du Cœur de province pour la moitié de ses membres. Ce seront les termes du « cessez-le-feu » avec ceux qui, désormais et jusqu'à mon départ, seront mes opposants déclarés. Je ne suis pas mécontent de ces accords, car ils me laissent un an jusqu'à la prochaine élection du président de l'association pour faire ce que j'ai à faire, transformer l'essai de cette deuxième année et faire voter la loi. L'arrivée des représentants des régions me donne l'espoir que, parmi eux, se trouveront ceux ou celles qui pourront apporter leur deuxième souffle aux Restaurants du Cœur.

Avant ces événements éprouvants, je me rends compte que cette troisième année doit être celle du vote de la loi. Les conditions sont remplies, nous entrons à nouveau dans une année électorale, avec l'élection la plus importante de toutes, la présidentielle. Il faut prendre de l'avance, car la loi Coluche ne sera certainement pas au cœur du débat. Je décide de prendre date. A l'occasion du premier anniversaire de la mort de Coluche, je suis invité au journal d'*Antenne 2 midi*. Répondant de mon mieux aux questions qui me sont posées sur la carrière de Coluche, je profite de cette tribune pour lancer un appel au vote de sa loi en dénonçant le gouvernement qui s'apprête à faire passer un amendement sur le mécénat des entreprises comme une réponse globale à la demande de Coluche. Pour expliquer les choses que deux minutes d'antenne ne m'ont certainement pas permis de faire comprendre, j'écris un point de vue dans *Le Monde*. J'y explique que la loi Coluche est un amendement destiné à favoriser les petits donateurs, car ce sont les pauvres qui donnent le plus et que, comme Coluche l'avait prédit, si beaucoup a été promis rien n'a été tenu, puisque lui n'est plus là pour les « emmerder ». Je pars en vacances en me demandant comment nous allons mobiliser une nouvelle fois les donateurs, alors que reproduire l'effet « requiem » de l'émission de télé du mois de novembre ne me paraît pas souhaitable. L'unanimité n'est plus de mise et, à part nous, plus personne n'est encore sous le choc de la disparition de Coluche.

Après les vacances

A la fin août, je retourne travailler aux Restos. L'ambiance a changé, nous ne sommes plus une équipe unie. Je m'en rends compte à la première réunion de bureau. Les oppositions qui se sont révélées au moment de la crise des statuts n'ont pas disparu et se sont, au contraire, cimentées. Anne, ma principale collaboratrice en temps que secrétaire générale, est retournée à son ministère d'origine. Houdard et Véronique, souvent suivis par Bour, Mariette et Marie Dumas, sont systématiquement contre moi ; seuls André Coursier et Frédéric Blanc sont à mes côtés. C'est dur, car le bureau, qui, normalement, devrait être le lieu où s'élabore sereinement la stratégie, devient un endroit où les joutes verbales et les coups bas remplacent la réflexion. Chaque réunion me taraude d'angoisse et de stress, avant, pendant et après. Au bout d'un mois je décide de ne plus réunir le bureau et de convoquer chaque mois le conseil d'administration. La moitié de ses membres sont issus du terrain et n'ont rien à voir avec ce qui s'apparente à des querelles de prise du pouvoir. Le conseil devient donc, à la place du bureau, l'exécutif des Restos. Ses nouveaux membres habitant majoritairement loin de la capitale, je dois constituer une équipe parisienne autour de moi pour agir entre chaque réunion. Frédéric Blanc m'aide à la réflexion sur la stratégie de communication et prend en charge nos relations avec les médias d'actualité. Seul témoin restant de nos entreprises passées, il connaît la « ligne » et sait la faire passer à ses interlocuteurs journalistes. Léa Bonnal devient mon assistante et ma protectrice, Michel Deléan, ancien pigiste à *Libération*, s'occupe des études, de la conception et de la réalisation des documents sur l'action des Restaurants du Cœur. Nous travaillons souvent à quatre dans mon petit bureau aveugle situé au milieu de nos locaux modernes et impersonnels de la rue La Fayette. Une association de « potes » qui, unis par un même sentiment, se battait pour une belle cause commune, devient une institution, avec ses procédures, ses motions, ses jalousies, ses cloisonnements et ses cachotteries. Je sais que je ne tiendrai pas longtemps comme ça, mais je ne peux partir avant d'avoir obtenu la loi, à mes yeux le seul moyen d'assurer la pérennité financière des Restos.

Je découvre que, à Paris tout au moins, beaucoup de gens nous ont quittés et ont été remplacés par d'autres. C'est normal, travailler aux Restos est une affaire sérieuse, mais à une ou deux exceptions près, tout le monde est bénévole. La plupart du temps je ne connais pas les gens, je fais connaissance des nouveaux venus en mangeant un sandwich au bistrot à côté. Ainsi, rencontrant un nouveau gestionnaire qui travaille aux approvisionnements, j'apprends qu'il est venu par la paroisse Saint-Merri. J'apprends également que la majorité des gens qui sont responsables à Paris, y compris aux comptoirs de distribution, sont de la même paroisse. Evidemment, cela ne me gêne pas : si les catholiques sont plus motivés que les autres pour donner leur temps bénévolement dans la lutte contre la misère, c'est bien. En revanche, ce qui me gêne, c'est qu'il me dit qu'« on » lui a demandé de ne pas divulguer cette information et que, choqué par cette demande, il a pris sur lui de m'en informer. Lorsque je demanderai à Bour ou à Houdard des explications sur leurs critères de recrutement des bénévoles, je n'obtiendrai aucune réponse, si ce n'est qu'eux-mêmes n'ont jamais fait mystère de leurs convictions religieuses. Je vivrai très mal cette nouvelle et je ne peux m'empêcher de la relier au conflit sans fin qui, malgré nos accords, m'oppose à l'équipe des « retraités » depuis l'été. Ainsi, pensais-je, je ne me suis pas affronté à des hommes mais à un réseau parisien décidé à écarter ce qui gêne pour ramener les Restaurants du Cœur de Coluche dans le « droit chemin » de la charité chrétienne. Je comprendrai encore moins l'attitude de Véronique et la nature du pacte qui les unit. La laïcité des Restos n'est pas seulement une histoire d'affichage, qui n'est pas remise en cause, mais également une pratique et une manière d'envisager l'action – qui, elle, risque de pâtir de cette transgression. Cette découverte me rend parano et, à partir de ce moment, je comprends que la réconciliation amicale que j'espérais n'est pas possible. Je décide donc d'agir seul et de manière autoritaire pour ce qui me semblera être le bien des Restos, en acceptant pour seule sanction les décisions du conseil d'administration. Les choses se dérouleront de la sorte jusqu'à mon éviction, neuf mois plus tard.

Ces problèmes de fond ne nous empêchent pas de faire bonne figure à l'extérieur. Comme l'année précédente, nous sommes invités officiellement à l'Elysée. D'autres artistes nous accompagnent – parmi eux Carlos et Béatrice Dalle –, et comme en 86 la forêt de micros sur le perron du palais présidentiel nous permet d'annoncer à la France que nous sommes fidèles au poste. Pendant l'entretien qui se passe également dans la bibliothèque, nous interpellons le président sur la promesse du vote de la loi Coluche, et sa réponse est nuancée. Il dit qu'elle est certes intéressante, mais moins que le Revenu minimum d'insertion qui lui paraît être l'urgence. En dehors de l'effet direct que cette visite peut avoir sur l'afflux des dons en renforçant encore notre crédibilité, la réaction du président me laisse perplexe. J'en déduis que même en cas de réélection de Mitterrand, la loi Coluche n'est pas près d'être votée.

Le passage en troisième année

Sur le plan médiatique, j'ai proposé une nouvelle stratégie. La grande émission qui rassemble toutes les tendances politiques, médiatiques et artistiques autour du souvenir de Coluche ne me paraît pas reproductible. En cette année d'élection présidentielle, chacun est retourné chez « soi », l'émotion s'estompe et la France est plutôt prête à regarder devant elle, pas derrière. Il faut diversifier notre présence, ce qui n'est pas regrettable. Participer aux plus importantes émissions de variétés du moment avec un ou plusieurs parrains artistes et relancer notre action par une conférence de presse qui fera l'événement, voilà l'objectif. C'est le seul moyen pour que les Restos puissent faire entendre leur propre « musique ». Mon but est de faire passer la spécificité de leur action au-delà des bons sentiments que les émissions de variétés imposent. Je suis suivi sur ce point par la branche « communication » des Restos. Seule l'équipe des « retraités gestionnaires », Houdard, Bour, Mariette, Marie Dumas et les gens qu'ils ont cooptés au conseil d'administration, marque sa défiance. Ils sont déstabilisés par une action inscrite dans la durée qui n'aura pas l'avantage au plan financier de générer, en une seule fois, des ressources sûres. Ils sont, d'autre part, mal à l'aise devant un message qui ne se contente pas de dire : « Donnez-nous des fonds, on s'occupe du reste », mais qui, au contraire, veut mettre l'accent sur la manière et les principes qui guident la distribution. En communiquant également la vision distributive de Coluche, je touche du doigt le cœur de nos désaccords.

Le mois de novembre arrive et nous n'avons pas encore de quoi tenir trois mois à 150 000 repas par jour. Mes adversaires parisiens au conseil d'administration me mettent en demeure de leur garantir un plan de financement de plusieurs dizaines de millions de francs jusqu'au 21 mars. Je ne peux le leur fournir. Même si nous avons déjà « calé » notre présence dans plusieurs émissions importantes sur les deux mois à venir, il m'est impossible de leur dire précisément et par avance combien d'argent cela va nous rapporter. D'autant que, pour renforcer notre impact, je les préviens que les Restaurants du Cœur garderont le silence jusqu'à la conférence de presse qui aura lieu dans la première quinzaine de décembre. C'est l'ouverture du deuxième front. Le premier unit Véronique et les retraités sur la légitimité, la représentativité et les statuts. Le second rassemble les retraités et une partie des nouveaux arrivants au conseil d'administration sur une remise en cause de ma capacité à apporter l'argent nécessaire. Leurs doutes sont compréhensibles, l'agitation médiatique n'est pas leur métier. Je suis donc pour la première fois totalement minoritaire et acculé dans une passe difficile où il faut jouer serré pour faire rentrer les fonds.

A côté de ces luttes intestines, nous participons à des événements multiples. Robert Hossein offre une représentation spéciale de *L'Affaire du courrier de Lyon* au Palais des sports en présence du président de la République, tandis qu'une marque de hi-fi, Radialva, réalise un petit baladeur sur le couvercle duquel est peint le logo des Restaurants du Cœur. Hossein donne l'intégralité de la recette du jour : 600 000 francs, et nous négocions avec Radialva un don d'1,5 million de francs pour l'utilisation de la marque. Les associations départementales entreprennent à leur niveau des actions identiques. Les Restos sont partout.

Parallèlement, il faut que ces derniers soient perçus par leur action contre la misère et pas seulement par les manifestations généreuses dont ils sont les bénéficiaires. Nous avons besoin d'un signe fort qui fasse mieux comprendre notre rôle social. Avec Frédéric, nous travaillons le message de la conférence de presse qui permettra de donner le coup d'envoi de la campagne 87-88. Il s'agit d'expliquer de manière plus approfondie nos enjeux, la technique d'approvisionnement, l'utilisation de l'argent et la réalité du travail des bénévoles. En un mot, rendre compte à ceux qui nous font confiance. Le seul moyen pour que la presse s'intéresse à cet aspect essentiel est de l'attirer grâce à une grosse vedette et une dramaturgie adaptée. Nous arrivons début décembre et nous n'avons pas dit un mot depuis la réception du président à la mi-octobre et une émission moyennement réussie sur TF1, à la fin du même mois. Le message est prêt, les bénévoles et l'approvisionnement aussi, mais les journalistes, dont certains rédacteurs en chef travaillent à la « saisonnalité », ne se sont pas encore manifestés. Il fait trop doux. Or, les journaux télévisés font la une sur la misère quand il fait froid. Je guette la météo. Début décembre, une vague de froid est annoncée, nous envoyons des communiqués tous azimuts pour inviter la presse le 13. Michel Sardou nous offre son concours. Il préside la conférence. Il fait moins 7 °C dehors. A côté d'explications précises sur l'organisation et la pratique des Restos, nous annonçons que nous avons de quoi distribuer 150 000 repas par jour pendant sept semaines et qu'il nous manque six semaines pour aller au 21 mars et « boucler l'hiver ». Nous demandons au public de nous aider à faire le bout de chemin qui reste. L'appel est largement repris et entendu par le public. L'argent arrive massivement. Le deuxième front se dissout momentanément.

Après cela, à nouveau en orbite, nous allons, avec nos parrains artistes, dans plusieurs émissions de variétés. Cela nous rapporte quelques millions de francs, soit des centaines de milliers de repas supplémentaires. A l'ouverture, le 21 décembre, nous sommes prêts à faire face à la demande qui, nous le savons maintenant, augmente de façon exponentielle chaque année. Comme l'année précédente, nous demandons aux artistes qui se sont engagés avec nous de passer la journée dans un centre de distribution. Corrigeant l'erreur de l'année passée où nous les avions lâchés seuls dans la nature à la rencontre des Restos de toute la France, nous nous professionnalisons. Nous désignons pour chacun un guide qui ira chercher le parrain chez lui et le pilotera toute la journée. Il faut des gens de confiance, je fais appel à la famille. Mon père, Yacha, 80 ans, sert de chauffeur et de guide à Jane Birkin à Paris, tandis que mon frère Alain, P-DG en reconversion vers une destinée plus proche de sa personnalité d'artiste, s'en va à Lille avec Carlos.

Les Restos sont ouverts, nous arrivons très vite à 200 000 repas par jour, l'objectif que Coluche avait fixé la première année. Il a fallu deux saisons pour y parvenir. A la mi-janvier, Michel Drucker et sa coproductrice Françoise Coquet consacrent quinze à vingt minutes aux Restos du Cœur dans une émission « Spéciale Coluche ».

C'est le moment de lancer le deuxième étage de la fusée. A partir de cette date, la communication des Restos du Cœur s'oriente sur l'appel au vote de la loi. L'émission de Drucker rapporte 4 millions de francs de dons. Le mois de mars approche, je pars en tournée rencontrer ceux que je ne vois pas assez, qui travaillent sur le terrain, loin de Paris.

Ma situation personnelle est à ce moment-là paradoxale. Depuis les 50 000 francs que j'ai touchés dix-huit mois plus tôt pour le livre écrit avec mes amis, je n'ai pas gagné d'argent. Nous vivons à trois sur le salaire de Liliane, ma femme, avec le même loyer et les mêmes frais qu'à l'époque où je gagnais bien ma vie. Ce n'est pas la situation de ceux qui vont manger aux Restos, mais j'ai déjà vendu la voiture et fait des emprunts à la famille et aux copains. La difficulté dans laquelle je me trouve n'est un secret pour personne à la tête de l'association car je ne m'en cache pas. En revanche, cet aspect personnel de l'histoire n'est pas sans rapport avec le conflit qui se joue. Tous les « retraités » ont une pension confortable et Véronique est dans une position très aisée depuis fort longtemps. Je me fais rembourser les frais liés à mon activité, tels que des déjeuners de travail ou les déplacements en région. Ainsi, participant à une vente aux enchères d'objets d'art au profit des Restos, je suis le seul à ne pouvoir rien acheter. Il est clair que je ne peux donner que mon temps. Cela entraîne des réflexions désagréables. Soit d'un style faussement compatissant, lorsque l'on me demande benoîtement quand je vais trouver du travail, soit directement agressif, comme Véronique me disant que l'actuel président des Restos du Cœur n'est vraiment pas, comme son prédécesseur, un homme généreux. Cette situation financière m'affaiblit vis-à-vis de tout le monde : un président d'association obligé de quémander pour qu'on lui rembourse ses notes de frais à l'heure perd forcément de sa crédibilité. Quand je vais le voir pour être défrayé, Houdard, le trésorier, me traite comme s'il faisait l'aumône. Paradoxalement, présider une association qui, de surcroît, s'occupe de pauvreté, nécessiterait que l'on soit riche, sinon on est suspect. « Pourquoi le fait-il puisqu'il n'en a pas les moyens ? » Selon l'argument le plus souvent développé, je veux profiter des Restos comme tremplin pour me faire une carrière. D'une façon différente de ce qu'ils imaginent, ils ont raison sur un point. Grâce aux Restaurants du Cœur, je fais une rencontre qui va modifier mon avenir. Deux jeunes garçons de 23 ans, qu'on appelle les deux D, animent en début d'après-midi sur

Europe 1 une émission quotidienne, amusante et informative, *Système D*. Je les écoute souvent, c'est mon émission préférée du moment. Ils se nomment Jean-Luc Delarue et Olivier Dorangeon. Lorsqu'ils m'invitent à leur émission pour faire le point sur la situation des Restaurants du Cœur, j'accepte tout de suite, ils me plaisent sans même que je les connaisse. Coup de foudre entre nous, je passe avec eux le reste de la journée. En dehors des affinités immédiates qui se manifestent entre nous trois, nous découvrons, Jean-Luc et moi, le rêve commun « d'investir » la télévision et de la faire autrement. D'où près de onze ans de collaboration intime, jusqu'en 98. Depuis, nos chemins se sont séparés, mais l'amitié est toujours là.

Du côté des Restos, les attaques ne vont pas plus loin, parce que mes adversaires ne peuvent pas grand-chose. J'ai décidé depuis la première année que les fonds devaient être gérés uniquement par le trésorier, dans l'honnêteté duquel, indépendamment de nos désaccords, j'ai toute confiance. Bien que la loi donne automatiquement la signature sur le compte au président, seul le trésorier est habilité à signer les chèques. La séparation entre celui qui décide de la stratégie et celui qui la finance me paraît obligatoire. Par ailleurs, nous sommes sur une opposition idéologique. Il semble que, pour eux, les Restos, ce soit les riches qui donnent aux pauvres et non pas une équipe de gens qui s'attelle à répartir plus équitablement les surplus engendrés par la richesse collective. A la différence de la solidarité, la charité ne s'occupe pas d'améliorer le système, elle se contente d'inciter chacun à en compenser les effets néfastes. Dans ce schéma, le président ne peut-être que quelqu'un d'opulent, bien installé, qui incarne le sentiment généreux et un peu coupable de celui qui, malgré tout, se préoccupe de son prochain. Ce n'est pas de ces Restaurants du Cœur-là que nous avions rêvé avec Coluche !

Une seule fois, je suis amené à demander une dépense directe. Sollicité par mon interlocuteur au cabinet du secrétaire d'Etat aux Affaires sociales, Roland Moreau, j'impose au trésorier un prêt de 60 000 francs. Moreau m'a appelé pour me demander un service : « Il existe à Paris, dans le XVe, un restaurant nommé la Rôtisserie Sampiero Corso, vous ne le savez certainement pas mais ce petit restaurant fonctionne sur un système dans lequel celui qui ne peut pas payer ne paye pas, une sorte de Resto du Cœur avant la lettre. Il existe depuis fort longtemps. S'il ne rembourse pas 60 000 francs avant la fin du mois, il sera mis en faillite. Au ministère je ne peux rien faire, je fais appel à vous pour savoir si vous pouvez le dépanner. Il s'agit d'un prêt d'honneur, a dit le patron, M. Lavezzi. » Quand j'entends cela, je suis ému. J'étais un client régulier de Lavezzi dans les années 70. Il m'est arrivé souvent, lorsque j'allais dîner chez lui, de passer sans m'arrêter, un peu raide devant la caisse, parce que je n'avais pas un centime sur moi. Le système de Lavezzi était que la caisse fût juste à côté de la porte, de telle sorte que celui qui pouvait glissait lui-même son dû en passant, et celui qui ne pouvait pas continuait tout droit. D'une manière différente, la même idée de respect de la dignité que celle de Coluche.

Moreau n'a pas fini de parler que je lui dis que je connais Lavezzi et qu'évidemment la réponse est oui. Après une discussion de principe, Houdard me fait un chèque et me donne les papiers nécessaires à l'établissement du prêt. Je dois dire que, par avance, je m'apprête à vivre un moment de plaisir intense et personnel. Je débarque le soir même à la Rôtisserie, dans laquelle je n'ai pas mis les pieds depuis quinze ans, pour y dîner. Lavezzi reconnaît immédiatement l'étudiant avec qui il parlait de révolution mondiale quelques années plus tôt. Je ne lui dis pas ce que je fais aujourd'hui, de toute manière il ne me le demande pas, il s'en fout. Il n'y a que la révolution qui l'intéresse. Son restaurant n'a pas changé : un vieil électrophone qui grésille des chants de la révolution russe, au mur des affiches où se côtoient

Lénine, Marx, Engels et le FNLC, des assiettes sur la toile cirée toute propre et une bonne nourriture roborative. De la même façon qu'avant, j'écoute, « scotché » comme un enfant, le récit de ses aventures pendant la guerre d'Espagne ou pendant la révolution indochinoise et, très vite, il me parle de ses problèmes actuels. Il m'explique que ce « bourgeois » de Coluche lui a piqué son idée (ce qui est faux), qu'il est bourré de pognon et que ses Restaurants du Cœur également bourrés de pognon sont une caution de la bourgeoisie qui lui permet d'éviter de s'occuper vraiment de la misère. Intérieurement, je bous et jubile à la fois. Je décide de lui révéler la raison de ma visite avant qu'il n'aille trop loin, car je connais ses outrances. Je lui donne le chèque, lui explique la procédure de remboursement et nous nous quittons dans un silence sobre, chargé d'émotion retenue, les yeux un peu humides.

C'est dans ce climat lourd, où la rencontre avec la fraîcheur du vieux Lavezzi a été un de mes rares moments de plaisir, que je pars faire ma tournée dans les Restos du Cœur de l'Ouest de la France.

L'idéal détourné

Je commence mon périple à Bordeaux où Jacques Cavinet, le responsable, également membre du conseil d'administration de Paris, m'a convié à la petite fête qu'il organise pour la fermeture. Les deux jours passés avec les bénévoles de Bordeaux me donnent peut-être le même sentiment que Coluche et Paul avaient ressenti deux ans plus tôt. Retrouver en les touchant de près le sens et la raison pour laquelle on fait tout cela. J'en profite, comme chaque fois, pour inspecter la qualité de la nourriture que nous distribuons. Je suis étonné de découvrir que ce que nous donnons au rayon viande, comme du bifteck, soit aussi gras et, d'après ce qu'on me dit, dur à cuire. Nous achetons des arrières de bœuf et pas du pot-au-feu, or cela y ressemble. Sur la quantité de viande commandée, des avants ont pu se mélanger, je ne m'alarme pas. En quittant Bordeaux je vais à Libourne ; Réception fastueuse, je suis fait citoyen d'honneur de la ville. Je découvre à cette occasion chez les bénévoles de Libourne un sentiment auquel je ne m'attendais pas. En me faisant visiter le local des Restos, le responsable m'amène dans une petite pièce, véritable mausolée. Des photos de Coluche tapissées sur le mur, ses disques partout, des petites lumières tamisées et les coupures de journaux de ses interventions lors de la création des Restos affichées. Il fait l'objet d'un véritable culte. Ce qui m'étonne plus, c'est de voir, à côté des siennes, des photos de moi en grand nombre découpées dans les journaux, ainsi que celles de Véronique. Il s'est développé ici une sorte de « fan-club » qui me trouble et m'inquiète. L'idée des gentils puissants qui se penchent sur le sort des pauvres semble bien implantée. Que dire face à la vénération des bénévoles de Libourne ? Si ce n'est que notre travail n'est pas plus méritoire que le leur. Ils ne le croient pas. La forte médiatisation donne une aura et crée un fossé qu'aucun discours ne peut combler. Cela me fait réfléchir sans que j'y trouve de réponse sur le pouvoir de manipulation que contient une image, quelle qu'elle soit. Là aussi, je me balade le long des comptoirs de distribution et je découvre une forte proportion de bas morceaux de viande découpés comme du steak. J'attends d'être de retour à Paris pour chercher à comprendre.

Gonflé par l'enthousiasme et la chaleur de mes collègues, je quitte Libourne pour Nantes et Saint-Nazaire, en passant par Cholet. Même constatation pour la viande dans ces villes. A Cholet, le responsable a organisé lui aussi une réception officielle : serrage de mains avec le préfet, rencontre avec le maire ancien ministre, conférence de presse-débat et, pour finir, une fête. Tout cela souligne un peu plus fortement la singularité de ma situation. D'un côté chômeur endetté, de l'autre personnage quasi officiel, respecté et précédé d'une auréole de puissance généreuse. J'aimerais pouvoir dire à ces notables qu'il n'y a pas d'un côté les pauvres, sorte de grands enfants dont il faut s'occuper, et de l'autre les nantis, adultes à qui l'on peut faire confiance et qui sont à l'abri de cette « maladie ». La frontière est poreuse, j'en sais quelque chose. Mais je n'en suis pas capable, trop seul et obnubilé par l'efficacité des Restos, unique critère sur lequel je puisse agir. Les Restaurants du Cœur sont devenus une des institutions qui font le plus « pour » les pauvres. Du temps de Coluche, c'était le mouvement qui faisait le plus « avec » les pauvres. Je me rends compte lors de ce énième voyage sur le terrain que je n'ai pas la capacité d'inverser ce changement, qui est peut-être dans les gènes des Restos et en tout cas dans ceux de l'environnement professionnel et humain dont ils sont le produit.

Pour la dernière semaine avant la fermeture, les Restos de Saint-Nazaire ont organisé un bal réunissant les bénévoles et tous les bénéficiaires du centre de distribution. J'ouvre le bal avec une jeune femme à qui il reste cinq ou six dents. Dans la salle de distribution, transformée en salle des fêtes pour l'occasion, sont disposées sur les tables, repoussées le long du mur, des bouteilles de Coca, d'Orangina, quelques bières, ainsi que du pain, du saucisson et du pâté. Il y a également des aliments garantis sans porc. Nous dansons parce qu'il faut le faire, mais ce n'est pas la fête. Nous sommes mal à l'aise tous les deux. Je lis dans ses yeux un remerciement résigné et une vie qu'elle ne me racontera jamais. De mon côté, je m'accommode mal du rôle de celui qui joue à « comme si on était pareils ». Il y a un monde entre nous, et je sais que le fossé qui nous sépare ne se comblera pas tant qu'on lui fera croire qu'elle me doit quelque chose.

De retour à Paris, je vais voir André Coursier et lui fais part de mes constats sur la qualité de la viande que j'ai trouvée dans les centres. Il me confirme que c'est bien des arrières de bœuf que nous achetons et que 80 ou 90 % de ce qui nous est livré doit être du bifteck. Il se renseigne pendant que je vais dans les Restos parisiens pour voir ce qui s'y trouve. C'est la même chose. André prévient le ministère de l'Agriculture, l'inspection générale diligente une enquête dont les premiers résultats semblent mettre en cause les Restos du Cœur. Un inspecteur nous attaque franchement dans son rapport. Je vois Henri Nallet, l'ancien ministre de l'Agriculture. Il se porte garant de notre honnêteté et calme l'inspecteur qui nous chargeait, d'autant que nous ne pouvons être en cause puisque cela touche les Restos de plusieurs régions. Le problème est donc à la source. Finalement, il apparaît que dans l'une des usines de boucherie qui prépare la viande, un certain nombre de personnes remplacent les arrières de bœufs destinés aux Restos du Cœur par des bas morceaux. Il s'agit de plusieurs dizaines de tonnes ainsi substituées pour être, probablement, vendues parallèlement. Cette affaire ne s'ébruite pas, nous convenons que l'essentiel est que les choses rentrent dans l'ordre. Au-delà de l'escroquerie qui, étant donné l'ampleur du détournement, a concerné beaucoup de gens, j'y vois la manifestation d'une opposition à l'action des Restos. Ceux qui on commis ce détournement ont probablement considéré que les « clients » des Restos devaient s'estimer heureux d'avoir de la viande et qu'ils n'avaient pas en plus à exiger de la qualité. Cette vision des choses semble bien ancrée.

En cette fin de troisième année, nous parvenons à distribuer chaque jour 240 000 repas. Nous avons reçu 80 millions de francs, dons de l'Europe compris. Nous pouvons, compte tenu de nos ressources, augmenter jusqu'à 300 000 repas servis. Cette masse de nourriture distribuée, plus de 20 000 tonnes en trois mois, peut poser quelques questions. Déjà nous nous interrogeons sur le seuil à partir duquel notre action risquerait de déstabiliser le secteur agro-alimentaire. Certains me rappellent que tout ce qui est donné n'est pas vendu et que notre distribution pourrait créer un manque à gagner dans le secteur de l'alimentation, dont la conséquence serait d'abord des licenciements. Cet argument est spécieux, car les quelques centaines de milliers de personnes qui viennent aux Restos ne sont majoritairement pas des clients de l'agro-alimentaire. Au maximum 10 % d'entre eux pourraient être concernés, ce n'est pas cela qui peut poser des problèmes au secteur de l'économie qui réalise le plus de bénéfices. Au contraire, en assurant pendant l'hiver une garantie de survie aux plus démunis, nous permettons à ceux-ci de redevenir parfois des consommateurs.

Malgré l'ambiance entre nous, nous commençons à débattre de ces sujets au conseil d'administration. Ce qui me préoccupe personnellement, c'est d'affiner notre utilité pour l'année prochaine alors que l'arrivée prévisible du Revenu minimum d'insertion va changer la donne. Il me semble que l'idée dont nous avions parlé avec Coluche, lors d'une de nos balades en voiture, est maintenant à l'ordre du jour. J'ai le sentiment qu'il faut orienter les Restos vers une action contre le chômage, et que pour cela il faut transformer ce bref échange avec Coluche en un vrai projet. Je le ferai au mois de septembre suivant avec Anne Coutard. Dans un bistrot, parce qu'elle et moi ne ferons alors plus partie des Restaurants du Cœur.

Pour le moment, mais je ne le sais pas encore, je préside mon dernier vrai conseil d'administration aux Restos. La question éminemment politique qui doit être tranchée, c'est l'augmentation ou non de la distribution. Nous fermons chaque jour les portes des Restos vers 13 heures, devant des queues de gens non servis. Il reste à la banque plus de 5 millions de francs, sans compter les chèques qui arrivent tous les jours, compte tenu de notre popularité. Ma position est claire. Il reste une quinzaine de jours de distribution, nous devons faire ce que nous pouvons pour satisfaire toutes les demandes puisque nous en avons les moyens. Il nous faudrait 50 000 repas par jour de plus, ce qui représente un peu plus d'un million de francs en tout. Les « retraités », les représentants des bénévoles parisiens et Véronique refusent car ils veulent garder l'argent pour l'année prochaine et le faire travailler en attendant. Nous sommes au cœur du désaccord. Ils veulent thésauriser, je veux distribuer. Depuis la modification des statuts, un an plus tôt, je n'ai plus le moyen de faire prévaloir ma décision. En acceptant ce changement, je craignais que cette situation se produise. Mais je n'avais pas songé que cela pourrait aller jusqu'à constituer une majorité au conseil, prête à tourner le dos aux conceptions distributives de Coluche. Je procède au vote. Ils sont majoritaires d'une voix. Je réussis de justesse à bloquer, par un compromis de dernière minute, une décision sur le point, non moins essentiel, du contrôle du revenu des bénéficiaires et du nombre de repas distribués à chaque personne, mais il s'en faut de peu. Ce jour-là, ce sont les Restaurants du Cœur de Coluche qu'on enterre. D'autres Restaurants du Cœur sont en train de naître. Je suis atterré. Mes camarades, Frédéric Blanc, Jacques Canivet de Bordeaux, André Coursier, Anne Coutard, Alain Nallet de Lille et Hugues Séguy de Marseille comprennent ce que je peux ressentir. Je n'envisage pas de démissionner, tout entier tourné vers le dernier acte qu'il me paraît indispensable de réaliser avant de lâcher : faire voter la loi.

La loi maintenant ou jamais

Mes appels répétés concernant le vote de la loi Coluche n'ont pas l'air de susciter beaucoup de réactions, ni des politiques ni des médias. Philippe Gildas m'a bien reçu à *Nulle part ailleurs* en reprenant de sa voix l'appel au vote de la loi promise à Coluche, mais cela n'a pas fait lever les foules. Deux mois nous séparent de l'élection présidentielle, c'est le moment de mettre en œuvre ce que m'a appris Coluche. Utiliser la puissance médiatique à sa portée, pour mettre le pouvoir au pied du mur, face à ses responsabilités. Au début, rien que de très classique. J'informe le conseil d'administration de mon intention d'adresser à chaque candidat virtuel ou déclaré une lettre dans laquelle je lui demande de s'engager sur le vote de la loi. Nous écrivons avec Frédéric Blanc un texte comprenant deux questions. Ferez-vous voter la loi Coluche ? Si oui, le ferez-vous avant l'hiver ? J'envoie cette lettre à tous les candidats déclarés, sauf Le Pen. Non par ostracisme, mais parce que c'est le seul à n'avoir jamais soutenu les Restos du Cœur. Et pour cause, nous ne faisons pas de différence entre la misère des Français et celle des immigrés. Je l'envoie également au président Mitterrand qui, bien qu'encore muet sur ses intentions, sera probablement candidat à sa propre succession. Profitant du flou entretenu par ce dernier, je l'envoie aussi à Michel Rocard qui a déclaré que si Mitterrand n'y allait pas, il se présenterait. Je précise dans cette lettre que je demande une réponse avant le 20 mars et que les positions de chacun seront rendues publiques. Le choix de la date vient du fait qu'à partir de début avril nous sommes en campagne officielle et qu'il sera impossible de venir parler d'un acte politique à la télévision.

Il me reste à trouver le moyen de faire suffisamment de bruit avec les réponses des candidats. Dans un premier temps, j'attends déjà de savoir si l'on va me répondre. Très vite, je reçois la lettre de Michel Rocard. Sans la moindre contorsion de langage, il répond oui aux deux questions. Ensuite, celle d'André Lajoinie qui m'envoie un dossier de trente pages sur la politique globale du Parti communiste dans la lutte contre la misère. Puis la réponse de Raymond Barre qui affirme être d'accord avec l'idée, tout en refusant le principe de faire des promesses législatives qui sont du ressort du gouvernement et du Parlement, et non du président. J'en ai assez pour me préoccuper d'urgence de trouver un « haut-parleur » puissant qui acceptera de me donner la parole. Je tente ma chance auprès de Michel Drucker. Je vais voir Françoise Coquet et lui explique que grâce au « Champs-Elysées » du mois de janvier, les Restos du Cœur ont reçu 4 millions de francs. J'aimerais pouvoir remercier en direct l'émission et les donateurs de leur engagement en notre faveur. Je lui indique en même temps que je souhaite faire un point très bref sur la loi, car je crois que c'est maintenant ou jamais. Elle me reçoit très chaleureusement et me promet d'en parler avec Drucker. Mais, dit-elle, ce sera difficile dans la dernière émission avant la campagne officielle, le 2 avril, parce que son « plateau » est déjà plein. Deux jours plus tard, Drucker me rappelle. Il est d'accord, mais je n'aurai qu'un temps très court, et il attire mon attention sur le fait que son émission ne peut pas devenir un lieu d'expression politique partisane. Je ne lui raconte pas le scénario que j'ai en tête, mais je vois qu'ils ne sont pas dupes et qu'à titre personnel ils ont envie de m'aider. Leur accord me donne le rapport de forces dont j'ai besoin pour aller au bout de la démarche. La semaine qui suit m'amène la réponse de Jacques Chirac. Elle est décevante. Il dit avoir déjà fait beaucoup dans le sens de la loi Coluche et être prêt à étudier dans l'avenir le moyen de s'en rapprocher encore. Le 31 mars, tout le monde a répondu sauf le président Mitterrand. Or j'ai prévu de lire en direct les réponses des candidats chez Drucker, ce que, bien entendu, je ne lui ai pas dit. J'appelle Jacques Attali à l'Elysée pour l'informer que je vais à « Champs-Elysées » dans deux jours et je lui demande quand va arriver la réponse du président. Il tombe des nues et me répond que je n'ai qu'à dire qu'il est d'accord, que je n'ai pas besoin de lettre puisqu'il nous a donné toutes ses assurances quand il nous a reçus officiellement. Ce qui est inexact. Les propos du président étaient beaucoup plus dilatoires, mais je m'abstiens de le lui rappeler. Il fait appel à mes convictions politiques et à la relation particulière qui nous unit. Je lui réponds que le citoyen que je suis n'a pas de doute sur son vote, mais que le président d'association n'a de parti pris pour personne. Je lui annonce que tous les autres candidats ont déjà répondu. « Dis-moi au moins ce qu'ils disent », me demande-t-il. Je lui lis les lettres, d'où cette réponse : « Rappelle-moi dans deux heures. » Je m'exécute. « Je n'ai rien de nouveau pour toi », m'annonce-t-il. Je décide de sortir mon joker pour voir ce qui va se passer : « Ce n'est pas grave, j'ai la réponse de Michel Rocard qui s'engage très clairement, je n'ai qu'à lire celle-là samedi soir chez Drucker, de toute manière c'est pareil, c'est la gauche. » Je sens que cela ne lui plaît pas du tout. Il raccroche en disant : « On se rappelle plus tard. »

Une heure après, c'est Jack Lang qui m'appelle pour me convaincre de déclarer que le président est pour la loi. Il refait allusion à ce qui avait été dit à la réception de l'Elysée et fait appel de manière insistante à mes sentiments d'homme de gauche. Borné, je répète : « Puisqu'il est pour, il n'a qu'à l'écrire. » Il me répond qu'il est très difficile à joindre et que, matériellement, on n'a pas le temps de le faire. J'insiste à mon tour : « Sans écrit du président de la République, je ne pourrai pas faire état de sa position sur la loi Coluche. » Vers 22 heures, je reçois l'appel de Christian Sautter, directeur adjoint du cabinet du président. Il assure comprendre mon attitude, m'explique que la difficulté vient du fait que le président a décidé de ne faire aucune promesse catégorielle pendant la campagne. Il me demande de prendre les choses calmement. Il dit qu'on va tâcher de joindre François Mitterrand à Latche, il me rappellera dès qu'il le pourra. Le lendemain matin, jour de l'émission, Frédéric m'informe que l'Elysée me cherche et que je suis attendu d'urgence par Attali à son bureau. Nous y allons tous les deux. Attali me reçoit un peu froidement et me tend une courte lettre, ouverte, sur laquelle il est écrit que le président fera voter la loi Coluche après celle sur le Revenu minimum d'insertion. Elle est signée « François Mitterrand. » Jacques Attali me dit d'un ton presque accablé : « Tu ne te rends pas compte de ce que tu as fait. » C'est vrai, je ne me rends pas compte.

Le soir même, je lis cette lettre à la télévision au milieu des réponses des autres candidats. Elle se détache du lot, puisque c'est la seule qui va aussi loin à l'exception de celle de Michel Rocard. Dont, évidemment, je ne parlerai pas.

La campagne présidentielle bat son plein. Henri Nallet, l'ancien ministre de l'Agriculture, est directeur de campagne du candidat-président. Invité par Stéphane Paoli, il vient un matin à Europe 1 pour participer à un débat avec Adrien Zeller, le secrétaire d'Etat aux Affaires sociales, sur le vote de la loi Coluche. Je ne dis pas grand-chose, au milieu de ces deux professionnels de la politique forcés de s'opposer sur quelque chose pour lequel ils sont, au fond, tous les deux d'accord. Nallet prend clairement position sur le vote de la loi, confirmant ainsi sur les ondes l'engagement écrit du président. Zeller défend courageusement la position du candidat Chirac à laquelle il ne croit pas. Je le sais, il me l'a laissé entendre en privé, mais solidarité gouvernementale oblige.

AUX RESTOS SANS COLUCHE

MICHEL ROCARD

Monsieur le Président,

J'ai bien reçu votre lettre du 4 mars 1988 et vous en remercie.

Je tiens tout d'abord à vous féliciter d'avoir pu mener à bien votre tâche en dépit des difficultés auxquelles vous vous êtes trouvés confrontés.

Je partage pleinement l'objectif que vous vous fixez de voir l'amendement dit "Coluche" voté avant l'hiver 1988-1989, soit dans le cadre d'un collectif budgétaire, soit lors de la discussion du projet de loi de finances à la prochaine session d'automne.

En effet il convient de remplacer le dispositif qui a été adopté par l'actuelle majorité parlementaire dans le cadre de la loi sur le mécénat par un mécanisme simple et véritablement incitatif dans l'esprit de l'amendement Coluche. C'est d'ailleurs cette position qui avait été défendue par le groupe socialiste à l'Assemblée Nationale dans ce débat.

Je vous prie de croire, Monsieur le Président, en l'assurance de mes sentiments les meilleurs.

M. Rocard

Monsieur Jean Michel VAGUELSY
Président des Restaurants du Coeur
221, rue Lafayette
75010 - PARIS

CORRESPONDANCE : MAIRIE 78701 CONFLANS-SAINTE-HONORINE - TÉL. : 39 19 54 54
ASSEMBLÉE NATIONALE 126, RUE DE L'UNIVERSITÉ 75007 - TÉL. : 42 97 60 00

LE PRÉSIDENT DE LA RÉPUBLIQUE

PARIS, le 2 avril 1988

Monsieur le Président,

J'ai bien reçu votre lettre et je vous en remercie. J'avais rencontré COLUCHE, avec les responsables des Restaurants du Coeur, au mois de février 1986. J'ai vu comment se développait ce mouvement grâce à la générosité de tous.

Depuis l'hiver 1984-1985, le Gouvernement a soutenu cette cause en créant des places d'accueil d'urgence, en augmentant les fonds ou les financements destinés à l'aide alimentaire et à l'aide au logement, en engageant des mesures d'accompagnement.

Aujourd'hui, il s'agit de trouver une façon durable de venir en aide aux plus défavorisés. Ce sera le rôle du revenu minimum d'insertion, dont la mise en place m'apparaît être une priorité nationale.

C'est en assurant à chacun un minimum de ressources lui permettant d'accéder à l'instruction, au logement, à la santé, au travail ou à la formation que l'Etat respectera le droit fondamental de chacun à vivre sans être humilié. L'amendement COLUCHE sera examiné une fois cette législation adoptée, car le besoin aura changé de dimension. J'espère donc que me sera donné cette année de mettre en place le revenu minimum en question. J'aurai grand intérêt à vous en reparler.

A vous

François Mitterrand

François MITTERRAND

Monsieur Jean-Michel VAGUELSY
Président des Restaurants du Coeur

La séparation

François Mitterrand est réélu le 8 mai, Michel Rocard est nommé Premier ministre. Je suis apaisé. Les lettres du président et de Rocard, maintenant aux affaires, me donnent la certitude que la loi sera votée avant la fin de l'année. Au siège des Restos, la tendance caritative, désormais majoritaire, est passée de l'opposition systématique à l'hostilité silencieuse. On ne se parle plus. J'attends avec impatience l'assemblée générale du 15 juin pour savoir comment les choses vont éclore. Des conversations s'arrêtent quand je passe, il se trame quelque chose mais je ne peux savoir quoi. Je vais à Marseille voir Hugues Séguy, j'aimerais que le relais soit pris par quelqu'un d'extérieur à cette alliance parisienne. Après discussion, nous convenons que c'est impossible, le président devant être trop souvent à Paris.

Le 15 juin arrive. C'est la première vraie assemblée générale : 26 personnes. Pour 7 000 bénévoles, c'est peu. Les statuts ont été faits pour protéger les fondateurs. On me demande, comme c'est la coutume, de faire le rapport moral. Tous ceux qui sont devant moi sont soit du conseil d'administration – 14 membres –, soit des bénévoles parisiens. Ils sont au courant de tout. Dans la situation présente, ce formalisme me paraît hypocrite et dérisoire. Je me contente de rappeler brièvement les résultats obtenus pendant la saison : 22 millions de repas distribués, le nombre de Restaurants du Cœur en France, pas loin de 800, l'argent récolté, près de 80 millions, et la garantie du vote de la loi. Je dis également quelques mots sur l'orientation qu'il conviendrait de donner pour l'année prochaine. Je conclus en disant : « Vous savez ce qui a été fait, je n'ai rien à dire de plus. » L'ambiance est glaciale, je sais que mon sort est scellé. Houdard propose que l'on procède à un vote sur liste. C'est-à-dire de reconduire, ou non, le conseil d'administration existant. Je refuse en demandant que les candidatures soient libres et que l'assemblée se prononce sur ceux qui sont candidats au poste d'administrateur. J'ai l'ultime espoir d'un vote rendant hommage aux succès obtenus, qui me permettrait de contrer la normalisation qui se prépare. Ce n'est pas le cas. 14 voix sur 26 ne me reconduisent pas au conseil d'administration. Pendant que les membres du conseil, réélus, m'assurent, manifestement gênés de l'ampleur de leur victoire, que les statuts me donnent le droit d'y siéger d'office, je me lève. Je déclare que je ne peux accompagner la nouvelle voie qui est choisie, qu'elle est contraire à ma conception du rôle des Restaurants du Cœur et que je préfère démissionner. Six personnes se lèvent en même temps : Frédéric Blanc, Anne Coutard, André Coursier, Jacques Canivet, Alain Nallet, Hugues Séguy.

Nous sortons de la pièce et nous dirigeons en groupe vers le café d'à côté. Quelques minutes plus tard, les auteurs de mon éviction viennent nous rejoindre en expliquant qu'ils n'y sont pour rien. Je les entends, incrédule et sans colère, la tête dans un carcan. Ils repartent et élisent immédiatement Véronique au poste de présidente.

Quelques jours plus tard, les Restaurants du Cœur envoient un communiqué à la presse annonçant mon départ pour « convenances personnelles », tandis que certains démissionnaires reviennent sur leur décision. Comme promis, la loi est votée en première lecture à l'Assemblée nationale à l'unanimité, le 20 octobre 1988. Les Restos continuent, c'est l'essentiel.

Épilogue

Dès la campagne suivante, le contrôle des revenus des bénéficiaires est instauré par la direction nationale. Un système de cartes permettant de vérifier le droit d'accès à la distribution et de réglementer le nombre de repas donnés à chacun est mis en place presque partout.

Le respect de l'anonymat, la distribution à la demande et le refus de la suspicion de fraude sont laissés de côté. En abandonnant des principes qui tenaient tant au cœur de Coluche, les Restos se sont-ils débarrassés de l'utopie qui entravait leur développement ou du petit grain d'anarchie porteur de mouvement ? La réponse pourrait venir de l'intérieur. Soit des bénévoles eux-mêmes, soit des centaines de milliers de personnes à qui leur action est destinée.

Les Restaurants du Cœur sont devenus une grande institution. Dix-sept ans après leur création, ils annoncent 540 000 repas distribués chaque jour pendant l'hiver. 40 000 bénévoles sont responsables de ce succès. Leur efficacité ne s'est jamais démentie.

Les artistes non plus n'ont pas laissé tomber. Chaque année, fidèles à Coluche, ils se réunissent pour les concerts des Enfoirés et contribuent ainsi largement par leur constance au rayonnement et au financement de l'association. Un tel rassemblement d'énergies sur une durée aussi longue n'a sans doute jamais eu lieu.

De son vivant, Coluche ne faisait pas l'unanimité, il s'en est approché pendant une année, la dernière de sa vie. Mort, il est devenu une sorte de héros national, un saint laïque, presque un mythe. On retient de lui les Restaurants du Cœur, son humour, sa manière unique de dire le vrai et ses prises de position radicales sur la liberté des mœurs. C'est réducteur. Coluche était aussi un politique. Un des rares hommes du XXe siècle en France capables de rassembler tout le monde sur des objectifs qui dépassent les clivages partisans.

Coluche a représenté la France « d'en bas » dont il était, lui-même, issu. Expert dans les rapports de forces qui secouent la société, il a su montrer à cette France le pouvoir qu'elle détenait. Acheter ou pas, voter ou pas, décider de l'affectation d'une partie de ses impôts ou pas. Et faire sentir à la France « d'en haut », celle des politiques, des médias et des marques, sa dépendance.

Il est allé plus loin. Il a montré que rien n'était possible sans la France « du dehors », celle qui ne compte pas et qui, pourtant, est composée de plusieurs millions d'hommes et de femmes. En 81, il s'est mêlé de sa reconnaissance et de sa prise en compte dans le jeu politique, en appelant « les fainéants, les crasseux, les drogués, les pédés [...] les abstentionnistes... [1] » à voter pour lui. En 85, il a rassemblé tout le monde contre la détresse des plus pauvres en imposant qu'une part de la richesse collective leur soit redistribuée sous forme de nourriture. A chaque fois, c'est d'abord la France d'en bas qui l'a entendu, compris et accompagné.

Mais, il voulait plus encore. Il a fait plancher des scientifiques sur un « biscuit de paix » impérissable, contenant tous les aliments indispensables à la vie dans le but d'apporter une réponse d'urgence à la faim dans le monde. Il a voulu créer un lien direct entre les chômeurs de longue durée et les salariés, essentiellement au travers des services à domicile, pour engendrer un

---

1. Voir « l'appel » de *Charlie-Hebdo*, « Coluche candidat », p. 29.

secteur d'activité inexploité et lutter ainsi contre le chômage. Et certainement d'autres choses encore, toujours avec la même méthode.

« *Notre profession, notre vocation, à nous les artistes, c'est quand même de séduire et de surprendre. Donc, il faut être aussi là où on ne nous attend pas. C'est certain que si un jour toutes les forces se mettent contre nous, qu'on essaie de constituer ce pouvoir en institution, à ce moment-là, on n'aura plus la faveur du public puisque justement on sera un pouvoir de plus. L'intérêt justement, c'est ça, c'est qu'il est frondeur*[1]. »

Coluche, profession comique, grand amateur du « geste auguste du semeur de merde », est mort à ses débuts. On peut espérer qu'ils ne seront pas perdus pour tout le monde.

1. Coluche. Conférence aux francs-maçons, 27 février 1986.

Table

TABLE

TROISIÈME PARTIE

LE TRIOMPHE
(juillet 85-juin 86)

QUATRIÈME PARTIE

AUX RESTOS SANS COLUCHE
(fin juin 86-15 juin 88)

Cet ouvrage a été imprimé par la
SOCIÉTÉ NOUVELLE FIRMIN-DIDOT
Mesnil-sur-l'Estrée
pour le compte des Éditions Plon
en septembre 2002

Imprimé en France
Dépôt légal : septembre 2002
N° d'édition : 13551 – N° d'impression : 60701